砂糖不使用。
麹と豆、炊飯器だけでできる！

発酵あんこのおやつ

監修　藤井 寛（発酵あんこ研究家）
著者　木村幸子

WAVE出版

はじめに

発酵あんこってなに？

本書は、砂糖を加えず麹の発酵によって甘味を引き出す「発酵あんこ」を使ったおやつの本です。

あんこと言えば、あずきなどを煮て砂糖を加え練った、和菓子の主材料。あんこ好きでなくても日本人なら誰もが慣れ親しんできた伝統的な味です。

食べ慣れたあんこの味が最上であるのは言うまでもありませんが、糖質を抑えるために合成甘味料などを用いるよりは麹によって作られる自然な甘味を活用できたならとても素敵なことだと思います。

「発酵あんこ」は甘酒のように、砂糖を使わず、炊き上がった豆に米麹を加えて発酵するというもの。発酵の過程で豆と米の糖質を分解して甘さを作り出します。

米麹甘酒を豆に応用してみたところ……

発酵あんこは、甘酒からヒントを得ました。

甘酒では麹菌が米の糖質を発酵させて元の米にはなかった物質が４００種類もできると報告されています。そのため飲む点滴と言われるほど。豆も糖質の高いものを使えば、同様な作用が期待できるはずです。

米麹甘酒は大きく3種類に分けることができ、米麹だけで作る「早造り甘酒」、米と米麹で作る甘酒「薄造り・軟練甘酒」、米と米麹で作る際に水分量を減らして作る「固造り・固練甘酒」があります。

発酵あんこは、このうちの水分を少なくして作る固造り甘酒を応用して作ったものです。

いろいろな豆で発酵あんこを試してみました。その中でも特におすすめのあんこ4種を本書では紹介しています。

そして、「あんこ作りは難しい！」というハードルを取り除くために、炊飯器で作る方法も検証しました。

優しい甘さでしかも身体にいいことずくめ

一般的なあんこの甘さを10とするなら、発酵あんこの甘さは6〜7くらい。糖質の性質も異なります。

一般的なあんこの糖質はショ糖。発酵あんこの糖質はブドウ糖です。また麹が体内に吸収されたときに、肝臓での変換も必要ないため、腸で吸収され代謝に回り、細胞や脳の栄養になります。ほかにも腸の善玉菌の餌になるオリゴ糖や麹由来の成分であるビタミンB群、酵素類も生まれ、従来のあんことは成分が全く異なり、身体に非常に有益な成分が生まれます。

本書は、発酵あんこを使ったおやつを定番の和菓子はもちろんのこと、洋菓子や冷たいお菓子、ペーストやドリンクとして活用していただけるよう多彩な構成になっています。

発酵あんこそのままでもおいしいですが、さらにおいしく、しかも美容、健康効果も期待できるおやつが生まれました。

あんこ好きのみなさん、またこれからあんこ好きになる皆さんに、本書を活用していただけるとうれしいです。

藤井 寛
木村幸子

「発酵あんこ」は、砂糖不使用。
豆を米麹で発酵させて作る
進化系あんこです。
美容・健康効果も期待できる
無限の可能性を秘めた
おやつができました！

本書で使う発酵あんこ4種を紹介します

発酵あずきあん

あずきと米麹を発酵させて作ります。あずきで作るものがあんこの代表格。甘さが控えめのすっきりとした味わいながらも、あんこらしい味わいに。調理の際は吸水不要ですが、渋みを抜くために2分ほど沸騰させてからお湯を捨てる渋切りという工程を行ってください（作り方p.16）。生産者のこだわりで渋切り不要のあずきもあります。

発酵白花豆あん

白花豆と米麹を発酵させて作ります。吸水させてから皮を取り除いて使います。白花豆は、ベニバナインゲンという種類の豆で、主に白あんとして用いられるインゲンである手亡（てぼう）などとは違う分類の豆。すっきりとしながらも濃厚なコクがあり、癖もほとんどありません（作り方p.18）。

発酵 ひよこ豆あん

ひよこ豆と米麹を発酵させて作ります。吸水してから使います。炊いた豆はうま味が強く大豆に煮た味わいながらも、発酵あんこにすると発酵白花豆あんと遜色のない仕上がりに。ひよこ豆は白花豆より安価な豆なので、コスパにも◎。葉酸値が高い豆です（作り方p.22）。

発酵 レンズ豆あん

レンズ豆と米麹を発酵させて作ります。やわらかさがあり、レンズ豆特有の香りはありますが、癖は少なく、発酵あずきあんの代わりにも使えます。コスパも◎（作り方p.20）。

目次

PART 4 冷たいお菓子

PART 5 ドリンク&ペースト

発酵あんこの健康・美容効果

本書で紹介する発酵あんこは、従来の砂糖を練り加えて作るあんこと何が違うのでしょうか？
その一番の違いは、米麹を加えて作る発酵食品であるということ。
発酵の過程で栄養、嗜好性、機能性がアップし、健康・美容効果が期待できる食品になるのです！

1 吸収がよく身体にいいことずくめ！

従来のあんこは、あずきと砂糖（特にショ糖主体）の配合で作られます。ショ糖は二糖類で、そのままでは吸収されず、消化酵素の働きにより単糖類のブドウ糖と果糖に分解され、小腸から吸収されます。

一方の発酵あんこの主体であるブドウ糖は、直接小腸から吸収されるサイズで、かつ肝臓での変換が必要ない糖なので、食べるとすぐ細胞や脳の栄養になります。

米麹で作る発酵食品である甘酒が飲む点滴と呼ばれるのと同じように、疲れやむくみの改善、ビタミンB群やアミノ酸などによる肌質の改善、便通の改善などの効果も期待できます。

2 優しい甘さで糖質オフの理由

発酵あんこの主要の糖であるブドウ糖は同じ量のショ糖の0.6～0.7ほどの強さの優しい甘さです。

甘味とは舌の上にある味を感じる器官である味蕾に糖類などがくっつくことで甘さを感じる現象です。カロリーに変換される糖質にはサイズの大きい順に澱粉、オリゴ糖、糖類などがあり、サイズが大きいと甘味として感じることができません。

あんこの原材料となる豆は5割ほどが澱粉という甘くない糖質で、砂糖を加えることにより、澱粉と砂糖の合計量の糖質を含むあんこが出来上がります。つまり足し算による甘さです。

一方、発酵あんこの場合は、豆類が元々持っていた澱粉を麹の酵素によって糖に変えることにより、余分な糖質を加えない、または加える量を非常に少なくしたあんこを作ることができます。ですから糖質オフできるのです。

麹の発酵がもたらす作用

食品

食品の役割は
栄養・嗜好性

⇒ 微生物による発酵
（麹菌・乳酸菌・酵母など）

発酵食品

栄養の向上
- 糖やアミノ酸の増加
- ビタミン類の増加

嗜好性の向上
- 香り・風味・味の変化と向上
- 食感の変化と多様化

機能性の向上
- 菌体成分・代謝産物
- 原料成分の分解物などによる生理活性

機能性物質

食物繊維　オリゴ糖　各種有機酸
レジスタントプロテイン
オリゴペプチド　機能性脂質
遊離アミノ酸
分岐鎖アミノ酸（BCAA）

栄養素

炭水化物・たんぱく質
↓
糖類・アミノ酸
ビタミンB群

菌由来成分

菌体成分
酵素群

原材料の米にはない栄養素がいっぱい

- 疲れやむくみの改善（飲む点滴）
- 腸内フローラ改善
- 便通改善
- コレステロール値抑制
- 肌質の改善
- 抗酸化作用　など

3 美腸効果

発酵あんこに含まれるオリゴ糖には、特定保健用食品であるイソマルトオリゴ糖という腸内環境を整える働きをするオリゴ糖が一番多く、その他オリゴ糖も麹を作る際にできていると考えられます。

食物繊維やオリゴ糖の働きによる高齢者の便通改善や、甘酒を飲む方に便通がよくなったという症例もあります。

麹で糖化させて作る発酵あんこも同様の作用を期待できると考えられます。

4 食後高血糖を抑える

発酵あんこには麹や豆類の食物繊維が多く含まれています。その多くは、植物や麹菌由来の不溶性食物繊維です。不溶性食物繊維は保水性がよく、便量の増加、腸の活動の促進、不要なものを吸着排出する機能があります。

18歳以上の成人は1日あたり18g前後の摂取が推奨されており、発酵あんこには100gあたり、一日の摂取推奨量の約3割（5.6g）ほど含まれています。

これはゴボウ100gを食べたときの食物繊維相当量（5g）にほぼ相当します。おやつで食物繊維を摂取できるのもうれしいですよね。

血糖は食事をとると上昇し、すい臓から分泌されるインスリンにより下がるようにできています。

その血糖値上昇をゆるやかにするのは水溶性食物繊維の働き。発酵あんこに含まれる食物繊維総量の10％は水溶性なので、食後高血糖を抑える効果も期待できると言えます。

また、糖質が効率よくエネルギー変換されるには、代謝に欠かせないビタミンB_1が必要ですが、発酵あんこにはビタミンB_1も豊富に含まれます。

5 美肌、貧血予防にも

発酵あんこには甘酒同様の多くのビタミンB群も含まれると期待できます。ビタミンB群は酵素の補助物質として代謝を補助する働きを担っています。

また発酵あんこに含まれるミネラルも同じく酵素の補助物質として働いたり、体内の恒常性のバランスを整える働きを担っています（左下の図参照）。

6 うま味成分も豊富で栄養分もまるごと摂取

麹が持っている酵素によって、豆類のたんぱく質が、うま味やコクを出す小さなペプチドやアミノ酸に分解されることで、味わいが深く独特なものになります。

発酵あんこは、炊飯器で炊いて、その液体もすべて麹と混ざり合い発酵させるので、豆の栄養分がほぼ捨てられることなくあんこになります。

◆発酵あんこに含まれるビタミン・ミネラルの働き

ビタミンB群 エネルギー代謝を助ける

B_1（チアミン）	疲労回復、食欲増進、神経正常化、糖質代謝
B_2（リボフラビン）	皮膚や髪の保護、成長促進、活性酸素除去
B_5（パントテン酸）	脂質代謝補助、ストレス緩和、HDLコレステロール生成
B_3（ナイアシン）	三大栄養素の代謝サポート、アルコール分解
B_6（ピリドキシン）	アミノ酸代謝補助、皮膚や髪の保護、神経伝達物質合成
B_7（ビオチン）	アミノ酸代謝補助、皮膚や髪の保護
B_9（葉酸）	核酸合成、アミノ酸代謝補助、皮膚や髪の保護
B_{12}（コバラミン）	造血、神経正常化、核酸合成、アミノ酸代謝補助

ミネラル

カリウム	塩分の排出、心臓、筋肉の調節
マグネシウム	骨や歯を発育・形成、血圧調節
リン	骨や歯の形成、代謝サポート
鉄	ヘモグロビンの成分となる、代謝酵素の活性化
亜鉛	細胞の新生、抗酸化作用、
銅	抗酸化作用、鉄の吸収、ヘモグロビンの合成を助ける
マンガン	代謝のサポート
モリブデン	鉄の働きを高め、造血作用を促進

⇓

発酵あんこ100gあたりに上記のビタミンB群やミネラルの1日に必要な摂取量の約10～30％が含まれる（藤井寛調べ）

◆あんこの糖質
（100gあたり）

発酵あずきあん	32.2g
発酵白花豆あん	38.4g
発酵レンズ豆あん	31.8g
発酵ひよこ豆あん	30.9g
市販のあずきあん	48.3g

（藤井寛調べ）

麹の豆知識

発酵あんこ作りに使う麹は麹カビによって作られた日本酒、味噌、醤油など日本伝統の発酵食品には欠かすことのできない素材です。

麹の働きは、蓄えられた酵素の作用で食品の炭水化物、たんぱく質、脂質などを分解し、発酵の促進をすることで、発酵食品特有の香りや味わいを作り出すことです。

麹を短い時間発酵させて作ることのできる甘酒を例に挙げると、元の素材である米にはなかった微量な成分が４００種類以上も作られています。

甘酒に含まれるイソマルトオリゴ糖をはじめとするオリゴ糖類、ビタミンB群、有機酸、ペプチドやアミノ酸類は、麹自体が作り出したもの、麹の酵素の作用によって作り出されたもの、これらの物質の残渣（ざんさ）やできた物質同士がゆっくりと化学変化を起こしてできたものなどです。発酵あんこも甘酒の作り方を応用したものなので、多くの有益な成分が多数産出されると考えられます。

本書で使う豆のこと

豆類には、抗酸化性物質であるポリフェノールや不溶性食物繊維が多く、日本人が取りすぎの傾向のあるナトリウムのバランスを整えるカリウム、貧血予防が期待できる葉酸などのビタミン類が豊富です。

本書では代表的なあんこの原材料であるあずき、そして白花豆、あんことしてはあまり用いない、レンズ豆やひよこ豆を用いてみました。いずれの豆も炭水化物、たんぱく質、脂質の合計量から見た炭水化物の割合が70％以上を占める豆です。

豆類の炭水化物は、多くを澱粉という甘味を感じない糖質が占めているので、調理後に甘味を付けるために砂糖を加える必要があります。麹で発酵させることによって豆が本来持っていた澱粉を糖に変えているので、米麹甘酒と同じ天然の甘さを楽しむことができます。

原材料（100g当り）	たんぱく質＋脂質＋炭水化物（g）	炭水化物（g）	炭水化物割合（%）
あずき	81.2	58.7	72.3
白花豆	80.1	61.2	76.4
レンズ豆	85.4	60.7	71.1
ひよこ豆	86.7	61.5	70.9

※日本食品成分表2015年版（七訂）より参照・算出

◆あずき

原産は東からブータンやネパール、中国、日本などの地域。近縁にササゲや緑豆があります。調理の際は吸水不要。あずきの銘柄には、普通あずき、大納言など。

◆白花豆（ベニバナインゲン）

白花豆は、ベニバナインゲンという種類の豆で、主に白あんとして用いられるインゲンである手亡などとは違う分類の豆です。原産は中央アメリカやメキシコなどの地域。調理をする際は夏なら6～8時間、冬なら12時間以上、たっぷりの水に浸して吸水させて用います。

◆レンズ豆（ヒラマメ）

レンズ豆は、別名をヒラマメとも言い、ヨーロッパからインド、アジアに至る地域で広く食べられています。原産は中東で、古代エジプト時代より栽培されています。調理の際は吸水不要。

◆ひよこ豆

ひよこ豆は、ヨーロッパからインド、アジアに至る地域で広く食べられています。銘柄はカブリ（大粒種）、デシ（小粒種）に分かれます。原産は西アジアで、そこからヨーロッパやインドに広がりました。調理をする際は春夏秋なら12時間、冬なら12時間以上、たっぷりの水に浸して吸水させて用います。

※もし戻り切っていなかったら40℃のお湯に浸してあげると1時間くらいでかなり戻ります。

基本の道具と材料

本書で使う基本の道具と材料を紹介します

道具

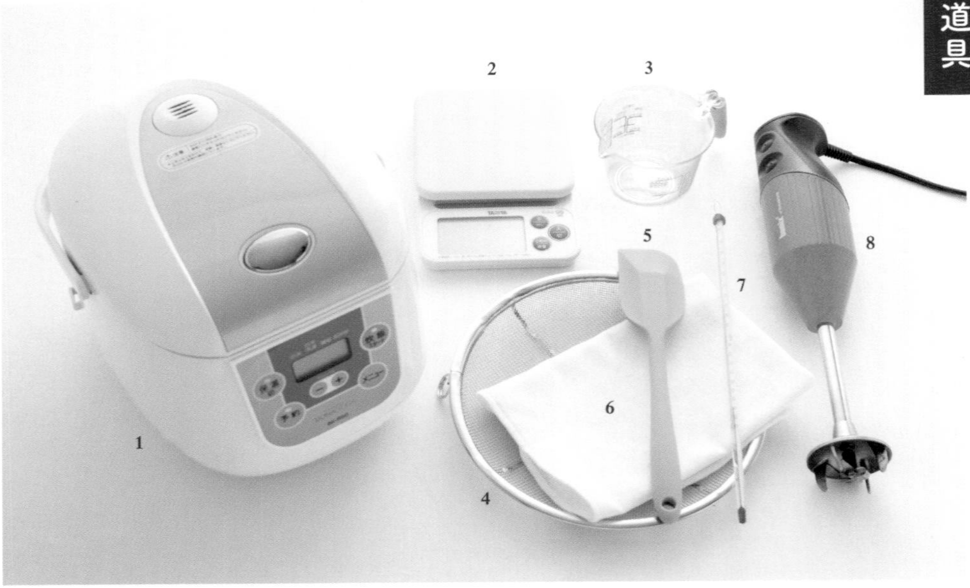

1 **炊飯器**　豆を煮たり、発酵あんこを発酵させるのに使います。

2 **はかり**　材料の計量に使います。

3 **計量カップ**　液体材料の計量に使います。

4 **ざる**　豆の水切りに使います。

5 **ゴムべら**　発酵あんこの発酵の途中で混ぜたり、お菓子作りに使います。

6 **布巾**　発酵中は、炊飯器の蓋はせず、布巾をかぶせて保温発酵します。

7 **温度計**　炊き上がった豆に米麹を加える際の温度確認に使います。

8 **ブレンダー**　発酵ひよこ豆あんのひよこ豆は煮豆でも固めの仕上がりなので、ブレンダーでペースト状にして発酵過程に進みます（ミキサーやすり鉢でも代用可）。

発酵あんこの材料

みやここうじ（米麹・乾燥）

発酵あんこ作りに使います。

極選小豆（森田農場）

北海道十勝清水町産のあずき。標高が高く、冷涼な環境で育てられています。渋みが少ない逸品で、発酵あずきあん作りにおすすめ。森田農場では発酵あずきの取り扱いも。

おすすめのあずき

レンズ豆（発酵レンズ豆あん用）

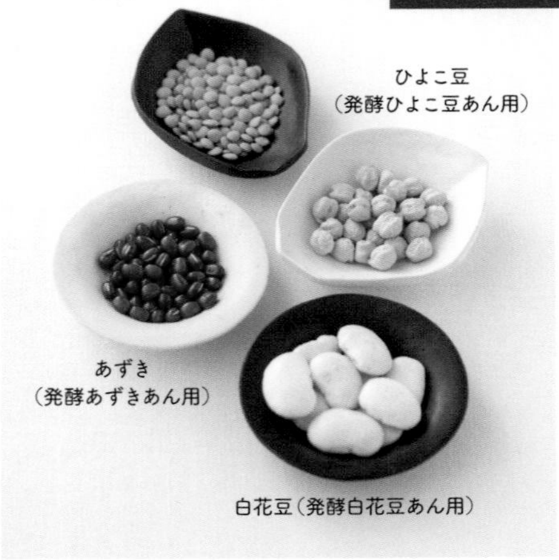

ひよこ豆（発酵ひよこ豆あん用）

あずき（発酵あずきあん用）

白花豆（発酵白花豆あん用）

粉

白玉粉・特上白玉粉（TOMIZ）

本書ではレンチン豆大福、求肥、きんつばに用います。もちもちとした食感が強く、時間が経っても固くなりにくいのが特長。

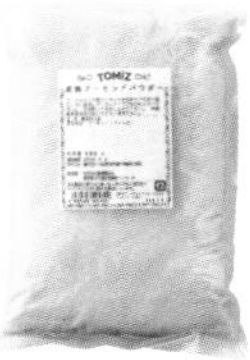

皮無アーモンドパウダー（TOMIZ）

アーモンド100％のピュアパウダー。本書ではクッキー生地やアーモンドクリームに用います。

強力粉・カメリヤ（TOMIZ）

本書では練りパイ生地、ガトーバスクに用いています。

薄力粉・スーパーバイオレット（TOMIZ）

和洋菓子の生地、クッキー生地やクリームに用います。ふんわり、サクッと、軽い仕上がりが特長。

砂糖

粉寒天・粉末かんてん（TOMIZ）

本書では水羊羹、きんつば、豆乳ココナッツプリンに用いています。

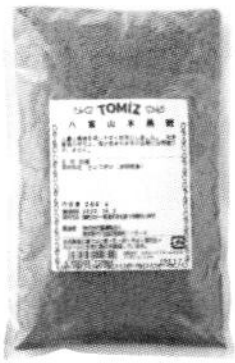

黒砂糖・八重山本黒糖（TOMIZ）

コクあるやさしい甘味とうま味を出したいときに。本書では黒糖まんじゅうやきんつばの甘味付けに用いています。

上白糖（TOMIZ）

本書では生地を明るく仕上げたいときに主に用います。きめが細かく幅広く使える砂糖。

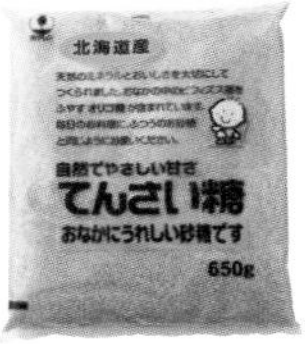

てんさい糖（TOMIZ）

砂糖大根が原料の砂糖。オリゴ糖も多く含みます。本書のお菓子作りの甘味全般に用います。

ラズベリーパウダー・フリーズドライパウダーラズベリー（TOMIZ）

発酵あんこ玉のトッピングやラズベリーあんサンドケーキのクリームの色味付けに使います。

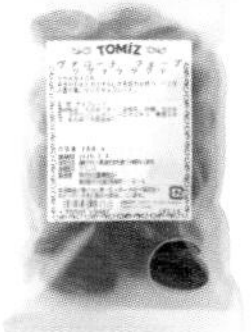

製菓用チョコレート（TOMIZ）

本書ではチョコとあんのテリーヌや半生タイプのクッキーに用いています。カカオ分40～70％のものをお菓子や好みによって使用します。

製菓用ホワイトチョコレート（TOMIZ）

本書では抹茶のロールケーキの抹茶クリームやガトーショコラブランに用いています。カカオ分30％前後のものを使用します。

豆乳・有機豆乳無調整（MARUSAN）

有機大豆だけを使用し、大豆本来のおいしさを追求した自然派志向の豆乳。本書では豆乳ココナッツプリン、アイス、あずきバーに用いています。

Q1

乾燥麹と生麹を使う場合に注意することはありますか？

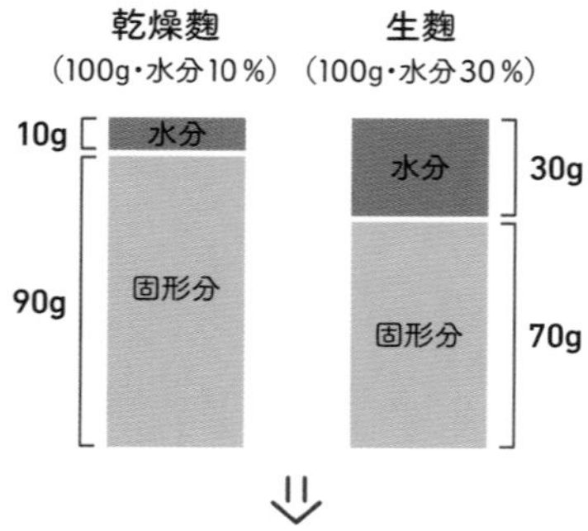

70g × 1.25 ＝ 87.5g
～
70g × 1.3 ＝ 91g

生麹を使う場合、1.25～1.3倍すれば、乾燥麹と同じ固形分量を確保できますが、水分も1.25～1.3倍になるので、その分水を減らす必要があります（製品により誤差はあります）。

A 乾燥麹と生麹では3倍水分量が変わってきます。左記の図を参考にして、生麹を使う場合は、量を1.25～1.3倍にしていただき、米麹の水分量が増えることを考慮して、炊き上がった豆の煮汁を捨てるという作業を行ってください。生麹の水分量は製品により異なりますので、あんこがゆるくなる場合もあります。仕上がりが水っぽいと、お菓子作りに向かないこともでてきますので、乾燥麹を使うほうをおすすめします。

Q2

発酵あんこで糖質オフできますか？

A 本書で紹介する4種の発酵あんこ100gあたりの平均が糖質量33gになります（p.10参照）。白いごはん1杯分（150g前後）の糖質量が57g。本書はおやつの本なので、あんこ以外にも糖分はプラスしていますが、食べすぎなければ糖質オフであると言えます。また、発酵あんこには、食物繊維や腸内細菌の餌になるオリゴ糖、代謝を促進するビタミンB群が含まれますので、糖質オフ以外にも美容、健康効果が期待できると言えます。

Q3

本書で使う豆以外にも発酵あんこ作りにおすすめの豆はありますか？

A 金時豆（大正金時）や緑豆、ササゲもおすすめです。金時豆の場合は、吸水を6～8時間行ってください。緑豆やササゲは、吸水は必要ありませんが、ササゲの場合、炊き上がりが固めになる場合があるので、その場合はお粥炊きを二度行ってください。豆が固いと麹の発酵がうまくいかない場合があります。

本書のレシピのルール

- 本書は、炊飯器で作る発酵あんこのレシピを紹介しています。お使いの炊飯器の機種により、加熱時間など差が出てくる場合もあるので、様子を見ながら調節してください。お使いになる豆は、なるべく新しいものを使うことをおすすめします。
- 計量単位は、大さじ1＝15㎖、小さじ1＝5㎖、1合は180㎖です。素材により、量りやすい計量単位で表記しています。
- 材料は作りやすい分量で主に紹介しています。
- 常温とある場合は20℃前後を目安にしてください。
- とくに明記がない場合は、火加減は「中火」です。
- 材料の重さ（g）は基本的に正味重量（皮をむいたり、ワタや種を除いたあとの重さ）で表示しています。個数、本数などは目安です。
- 電子レンジはW（ワット）数によって加熱時間が異なります。本書では、600Wを使用しています。500Wの場合は、加熱時間を約1.2倍にしてください。ただし、電子レンジの機種によっても差が出ますので、あくまでも目安として、加熱具合を見ながら加減してください。
- オーブンは電気オーブンを使用した場合の焼成時間になります。焼き加減は機種によっても差が出ますので、あくまでも目安として、様子を見ながら調整してください。
- 冷やし固める時間は冷蔵庫の設定温度や庫内環境により変わることがあります。

PART

1

炊飯器だけでできる！発酵あんこの基本の作り方

あずき、白花豆、レンズ豆、ひよこ豆の４種を使った
発酵あんこの作り方を紹介します。必要な材料は、豆と米麹のみ！
しかも炊飯器で簡単に作れるので、あんこ作りの難易度が
うんと下がっています。水分量には注意しましょう。

⇒

こうなります！

発酵あずきあんの作り方

砂糖なし。米麹で甘味を引き出す
優しい甘さのあずきあんです

冷蔵保存 3〜4日間
冷凍保存 約1〜2ヵ月

材料（出来上がり約800g）

あずき……………………………200g
米麹（乾燥）……………………200g
※生麹の場合は、250〜260g
水…………………………適量（600mℓ〜）

1

あずきを水で洗い、水けを切る。

2

＜あずきの渋切り＞鍋に**1**のあずきと豆が十分つかる程度の水（分量外）を入れて火にかける。

3

沸騰させたまま2分茹でる。茹で汁を捨てながら、ざるで漉す。

4

3で漉したあずきと水600mℓを炊飯器の釜に入れ、重さを量る（800gになる）。

5

炊飯器のお粥炊きモードで炊飯する。

6

炊き上がり。全体量が700～750gになる(水が飛びすぎた場合は、この範囲に入るように加水する)。生麹使用の場合は、50～60g煮汁を捨てる。

7

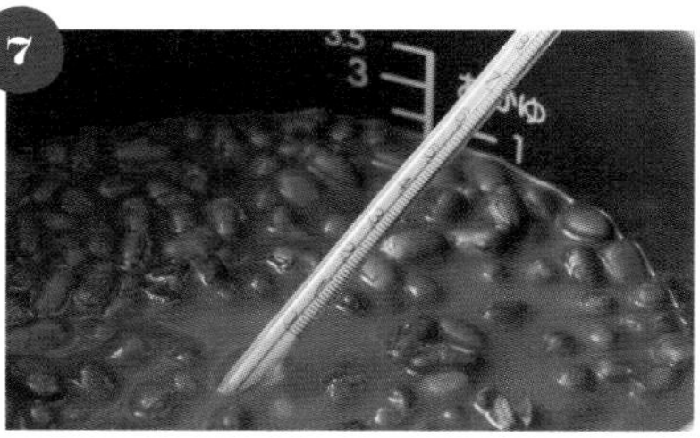

60℃前後になるまで冷ます。

8

7に米麹を加える。

9

米麹とあずきをよく混ぜ合わせる。

10

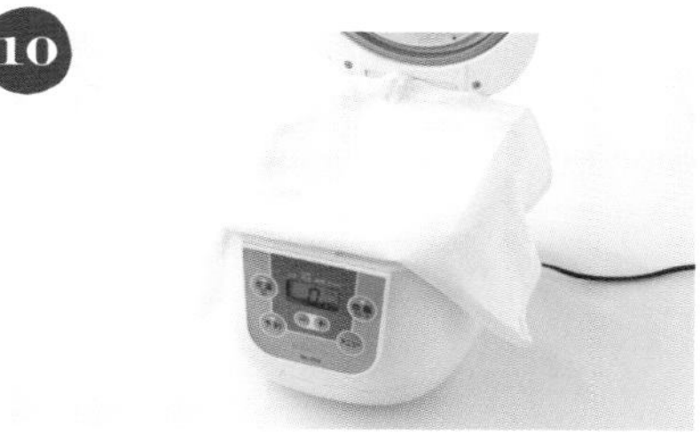

炊飯器の蓋を開けたまま布巾を1枚かぶせて、炊飯器の保温モードのスイッチを入れる。

11

2～3時間おきに1回よく混ぜ合わせながら、8～12時間発酵させる。写真は5時間経過した状態(厳密に2～3時間おきでなくてもOKですが、混ぜ合わせることが非常に重要です)。

12

出来上がり(総量が約800gになればOKです)。麹の白い粒が気になる場合はフードプロセッサーをかける。

⚠ 注意

＊あずきには、タンニンという渋みが含まれているので、炊飯器で炊く前に「渋切り」をしましょう(渋切不要の豆であれば省いてください)。渋切りとは、あずきを水から茹でて沸騰させたあと、茹で汁を捨て、豆の皮に含まれる渋みやあくを取り除く作業です。渋切りをすることで、あんこの仕上がりに差が出ます。タンニンの含有量は、日照時間や豆の大きさ(重量)、貯蔵法などにより異なります。中国産や粒が小さい豆のほうが渋みが多く、大納言のような大きな豆は渋みが少ないようです。

＊お粥炊きモードで炊飯後(行程**6**)に、豆を食べてみてやわらかくホクホクであればOK。硬さが残る場合は、もう一度お粥炊きモードで炊飯してください。

発酵白花豆あんの作り方

そのまま食べても、柚子あん、ラズベリーあんなどのアレンジにも

冷蔵保存 3〜4日間

冷凍保存 約1〜2ヵ月

材料（出来上がり約700g）

白花豆……………………………200g
米麹（乾燥）………………………200g
　※生麹の場合は、250〜260g
水……………………………適量（500㎖〜）

1

白花豆を水で洗い、ボウルに豆とたっぷりの水（分量外）を入れて12時間以上吸水する（夏は6〜8時間、春秋12時間、冬12時間以上）。硬い場合は、40℃のお湯に1時間つける。

2

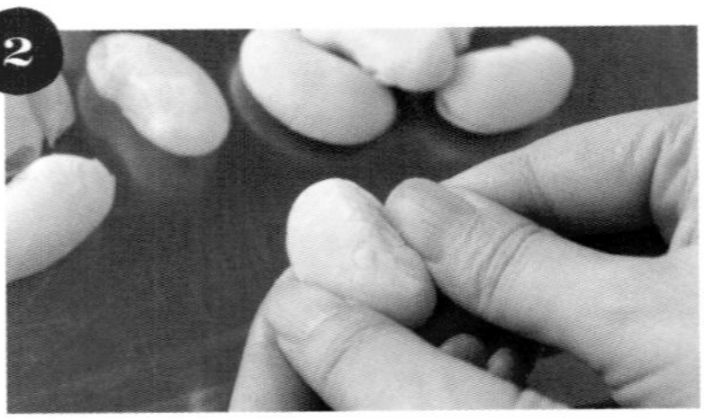

吸水した豆の外皮（種皮）をひと粒ずつ取り除く。豆のへそ（芽が出る部分）に指で切り込みを入れる。

3

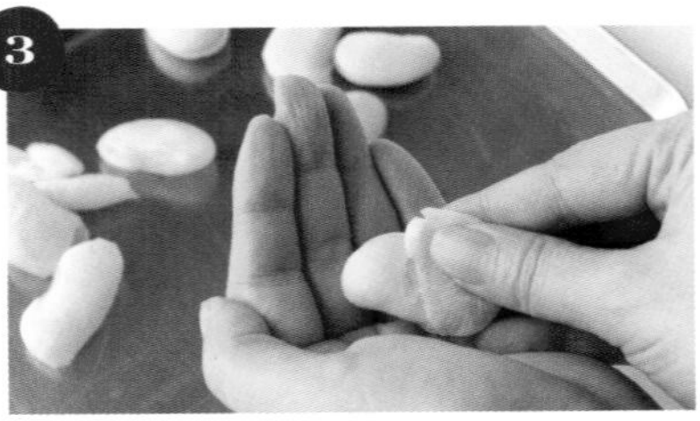

写真の要領で外皮から中身（子葉）を押し出す。

4

3の白花豆と水500㎖を炊飯器の釜に入れ、重さを量る（700gになる）。

5

炊飯器のお粥炊きモードで炊飯する。写真は炊き上がり。全体量が700～750gになる（水が飛びすぎた場合は、この範囲に入るように加水する）。生麴使用の場合は、50～60g煮汁を捨てる。

6

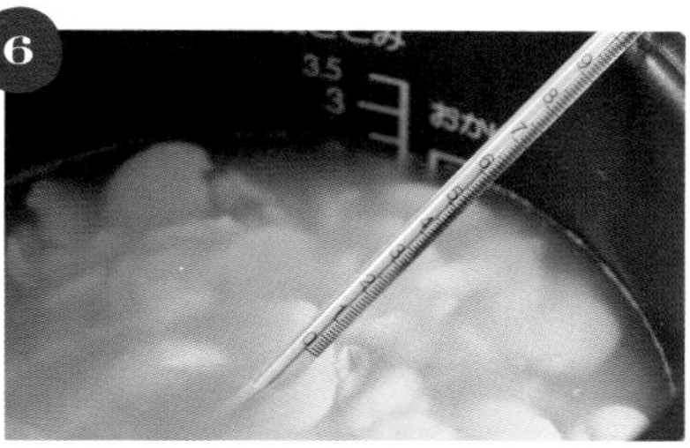

60℃前後になるまで冷ます。

7

6に米麴を加える。

8

米麴と白花豆をよく混ぜ合わせる。

9

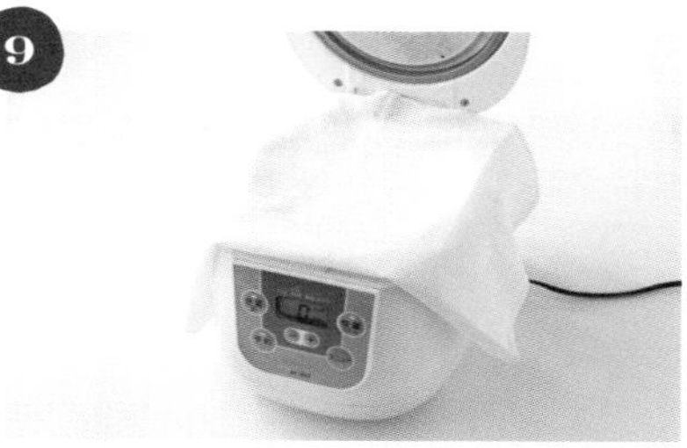

炊飯器の蓋を開けたまま布巾を1枚かぶせて、炊飯器の保温モードのスイッチを入れる。

10

2～3時間おきに1回よく混ぜ合わせながら、8～12時間発酵させる。写真は5時間経過した状態（厳密に2～3時間おきでなくてもOKですが、混ぜ合わせることが非常に重要です）。

11

出来上がり（総量が約700gになればOKです）。

⚠ 注意

＊白花豆（ベニバナインゲン）に含まれているレクチンという酵素は、十分な吸水と加熱調理をしないで食べると下痢や嘔吐を起こす場合があるので、夏は6～8時間、春秋12時間、冬12時間以上の吸水時間をよく守って、十分加熱して下さい。

＊お粥炊きモードで炊飯後（行程**5**）に、豆を食べてみてやわらかくホクホクであればOK。硬さが残る場合は、もう一度お粥炊きモードで炊飯してください。

発酵レンズ豆あんの作り方

コスパもよく、
発酵あずきあんに匹敵するおいしさ！

冷蔵保存 3〜4日間

冷凍保存 約1〜2ヵ月

材料（出来上がり約800g）

レンズ豆……………………………… 200g
米麹（乾燥）………………………… 200g
※生麹の場合は、250〜260g
水……………………………適量（600mℓ〜）

1

レンズ豆を水で洗い、水けを切る。

2

1のレンズ豆と水600mℓを炊飯器の釜に入れ、重さを量る（800gになる）。

3

炊飯器のお粥炊きモードで炊飯する。写真は炊き上がり。全体量が700〜750gになる（水が飛びすぎた場合は、この範囲に入るように加水する）。生麹使用の場合は、50〜60g煮汁を捨てる。

4

60℃前後になるまで冷ます。

5

4に米麹を加える。

6

米麹とレンズ豆をよく混ぜ合わせる。

7

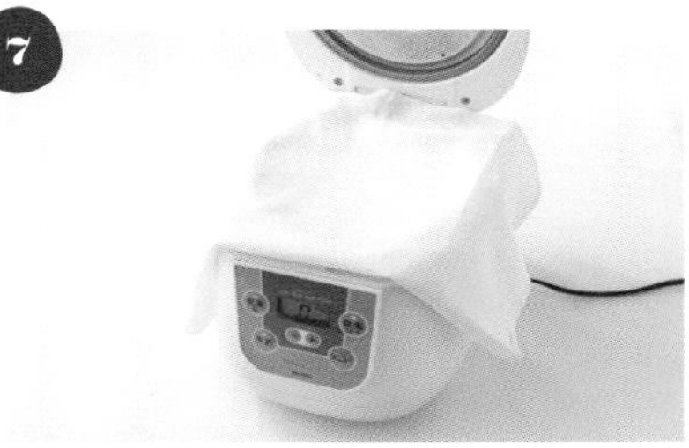

炊飯器の蓋を開けたまま布巾を1枚かぶせて、炊飯器の保温モードのスイッチを入れる。

8

2〜3時間おきに1回よく混ぜ合わせながら、8〜12時間発酵させる。写真は5時間経過した状態（厳密に2〜3時間おきでなくてもOKですが、混ぜ合わせることが非常に重要です）。

9

出来上がり（総量が約800gになればOKです）。

⚠ 注意

＊撮影で使用したレンズ豆はブラウンレンティルの皮付きを使用しています。皮なしタイプにはブラウンレンティルを皮むきした黄色のものや、実が赤い品種（レッドレンティル）などがあります。どのタイプを使っていただいても構いません。

＊皮付きのものは粒あんの食感、皮なしのものはこしあんの食感に仕上がります。

＊お粥炊きモードで炊飯後（行程**3**）に、豆を食べてみてやわらかくホクホクであればOK。硬さが残る場合は、もう一度お粥炊きモードで炊飯してください。

発酵ひよこ豆あんの作り方

コスパのよい白あんが作れます。
おいしさも◎

冷蔵保存 3〜4日間
冷凍保存 約1〜2ヵ月

材料（出来上がり約800g）

ひよこ豆……200g
米麹（乾燥）……200g
※生麹の場合は、250〜260g
水……適量（600mℓ〜）

1

ひよこ豆を水で洗い、ボウルに豆とたっぷりの水（分量外）を入れて12時間以上吸水する（春夏秋12時間、冬12時間以上）。硬い場合は、40℃のお湯に1時間つける。

2

1の水けを切る。

3

2のひよこ豆と水600mℓを炊飯器の釜に入れ、重さを量る（800gになる）。

4

炊飯器のお粥炊きモードで炊飯する。写真は炊き上がり。全体量が700～750gになる（水が飛びすぎた場合は、この範囲に入るように加水する）。生麹使用の場合は、50～60g煮汁を捨てる。

5

ボウルに移し、ブレンダーなどでペースト状にする。

6

釜に再び移し替え、60℃前後になるまで冷ます。

7

6に米麹を加える。

8

米麹とひよこ豆をよく混ぜ合わせる。

9

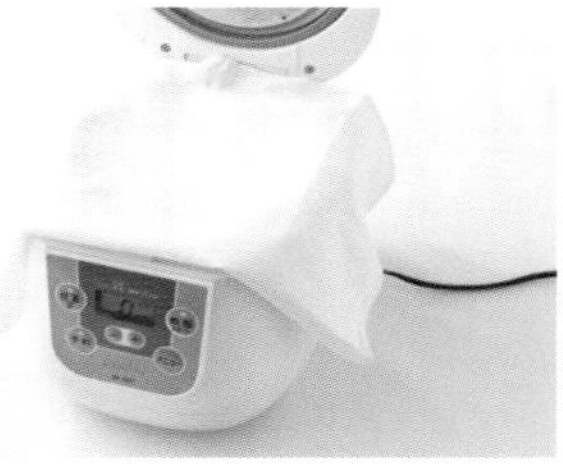

炊飯器の蓋を開けたまま布巾を1枚かぶせて、炊飯器の保温モードのスイッチを入れる。

10

2～3時間おきに1回よく混ぜ合わせながら、8～12時間発酵させる。写真は5時間経過した状態（厳密に2～3時間おきでなくてもOKですが、混ぜ合わせることが非常に重要です）。

11

出来上がり（総量が約800gになればOK です）。

⚠ 注意

＊ひよこ豆は、「ガルバンゾー」「チックピー」などとも呼ばれます。炊き上がりが煮崩れしにくいため、ブレンダーなどでペースト状にしてから、発酵の工程に進んでください。ブレンダーがない場合は、すり鉢などですりつぶしてください。

＊お粥炊きモードで炊飯後（行程**4**）に、豆を食べてみてやわらかくホクホクであればOK。硬さが残る場合は、もう一度お粥炊きモードで炊飯してください。

簡単！発酵あんこを湯煎で作る

炊飯器で豆を炊いたら、湯煎で発酵する方法もあります

⚠ 注意

袋に空気が入ると、水に浮いてしまい発酵ムラができやすいので、空気をしっかりと抜いて、保存袋を巻き込んでからつけてください。途中袋を回転させください。

白花豆、レンズ豆、ひよこ豆でも同様に作れます

1

豆をp.16〜23の要領で炊飯器で炊き上げる。

2

耐熱の保存袋に**1**と米麹を入れ、空気が入らないように袋の口を閉める。

3

袋の上から手でよくもみ込み、豆と米麹をよく混ぜ合わせる。

4

炊飯器に60℃の湯を張り、**3**を入れる。保温モードで8〜12時間発酵させる。

5

12時間経った状態。

6

フードプロセッサーなどでペースト状にする。

PART

2

定番の和菓子

発酵あんこができたら、和菓子をぜひ試してみてください。

あんこ玉、どら焼き、たい焼き、最中、団子、まんじゅう、

きんつば、おはぎ、汁粉、羊羹など、

発酵あんこの優しい甘さをたっぷりと堪能できるおやつ13種を

バリエーション豊富に紹介します。

発酵あんこ玉いろいろ

発酵あんこの味わいを幾通りにも楽しめます。丸めるだけ！

材料（各５個分）

＜あずきあん玉＞
発酵あずきあん（作り方p.16）…75g

＜白花豆あん玉＞
発酵白花豆あん（作り方p.18）…75g

＜抹茶レンズ豆あん玉＞
発酵レンズ豆あん（作り方p.20）
……………………………………75g
抹茶…………………………………適量

＜ラズベリーあずきあん玉＞
発酵あずきあん（作り方p.16）…75g
ラズベリーパウダー
（フリーズドライ）…………………適量

＜粉糖レンズ豆あん玉＞
発酵レンズ豆あん（作り方p.20）
……………………………………75g
粉糖…………………………………適量

＜きな粉白花豆あん玉＞
発酵白花豆あん（作り方p.18）
……………………………………75g
きな粉………………………………適量

＜ココアあずきあん玉＞
発酵あずきあん（作り方p.16）…75g
ココアパウダー（無糖）…………適量

＜アーモンドレンズ豆あん玉＞
発酵レンズ豆あん（作り方p.20）
……………………………………75g
アーモンドダイス…………………適量

＜ココナッツアプリコットあん玉＞
発酵あずきあん（作り方p.16）…75g
ココナッツファイン………………適量
セミドライアプリコット…………適量
▶細かく刻む

＜レーズンひよこ豆あん玉＞
発酵ひよこ豆あん（作り方p.22）
……………………………………75g
粉糖…………………………………適量
レーズン、サルタナレーズン、
グリーンレーズン…………各５粒

作り方

【下準備】
アーモンドダイスは焦がさないようにフライパンで空焼きし、冷ます。

【すべて共通】
1 あんは1つにつき15gずつそれぞれ手のひらで転がして丸める（**a**）。

【抹茶レンズ豆あん玉、ラズベリーあずきあん玉、粉糖レンズ豆あん玉、きな粉白花豆あん玉、ココアあずきあん玉】
2 抹茶、ラズベリーパウダー、粉糖、きな粉、ココアパウダーをそれぞれバットに入れ、丸めたあんを入れて転がす（**b**）。

【アーモンドレンズ豆あん玉】
3 アーモンドダイスを手のひらにとり、丸めたあんにまぶし付ける。

【ココナッツアプリコットあん玉】
4 ココナッツファインをバットに入れ、丸めたあんを入れて転がしたら、セミドライアプリコットを上部にのせる。

【レーズンひよこ豆あん玉】
5 粉糖をバットに入れ、丸めたあんを入れて転がす。上部にレーズン、サルタナレーズン、グリーンレーズンをあん玉１つにつきそれぞれ１粒ずつのせる。

冷蔵保存で２日間可能。

あんは適量をとり、手の平で丸める。

粉類をバットに入れ、フォークなどで全体にまんべんなくまぶす。

ポイント

＊あんがゆるい場合は、あんを湯煎にかけて水分を飛ばし、少し硬くなったものを使用してください。

＊好きなサイズで作ってOK。すべてのサイズをきれいに揃えると、まるでチョコレートボンボンのような仕上がりで、プレゼントにもぴったりです。

粉糖レンズ豆あん玉
レーズンひよこ豆あん玉
アーモンドレンズ豆あん玉
ココアあずきあん玉
白花豆あん玉
あずきあん玉
ラズベリーあずきあん玉
きな粉白花豆あん玉
ココナッツアプリコットあん玉
抹茶レンズ豆あん玉

どら焼き＆生どら焼き

ホットケーキを焼く手軽さ！ 2種の味を楽しめます

材料（直径約8㎝生地約16枚分／どら焼き4個、生どら焼き4個）

＜生地＞

A	卵	2個
	上白糖	120g
	はちみつ	15g
B	重曹	小さじ¼
	水	20mℓ
水		20mℓ
薄力粉		130g
サラダ油		適量

＜どら焼きのあん　4個分＞

発酵あずきあん（作り方p.16）……200g

＜生どら焼きのあん　4個分＞

発酵あずきあん（作り方p.16）……100g

生クリーム……100mℓ

てんさい糖……8g

作り方

【下準備】

- 薄力粉はふるう。

1 生地を作る。**A**を合わせてボウルに入れ、ハンドミキサーで白っぽくなるまで泡立てたら、**B**をよく溶いて加え混ぜる。

2 薄力粉を加えゴムべらで混ぜたら、ラップをして室温で30分ほど休ませる。

3 水を加えて混ぜ、生地が流れるような固さにする（固いようなら少し水を追加する）。

4 フライパンを温め、サラダ油を薄く塗り、ぬれ布巾の上に一度置いて温度を下げたら、**3**の生地を直径7㎝くらいの丸形に流し入れて火にかける。表面に気泡が浮いてきたら裏返し、裏面をさっと焼く。これを繰り返し、16枚焼く。

5 どら焼きは、発酵あずきあんを1組につき50gを目安に2枚の生地で挟む。生どら焼きは、生クリームにてんさい糖を加えて泡立て発酵あずきあんを混ぜたものを1個につき50gを目安に2枚の生地で挟む。

ポイント

＊生地をきれいな丸形にするには、フライパンから20㎝ほど離した高い位置から動かさず1点に生地を流すことがポイント。

＊フライパンは温度が上がりやすくそのまま焼くと、表面だけ焦げて中は生焼けになる場合があるため、毎回フライパンを温めたら必ず一度ぬれ布巾に置いて温度を下げてから焼いてください。フライパンにひくサラダ油はごく少量で。

たい焼き

手作りだからこそ焼きたてをぜひ味わって！

材料（13×7.5cmのたい焼き4個分）

発酵あずきあん（作り方p.16）… 120g

A
- 薄力粉 …… 75g
- ベーキングパウダー …… 5g

B
- 上白糖 …… 20g
- 卵 …… ½個
- 水 …… 50mℓ
- 牛乳 …… 50mℓ

▶すべての材料をよく混ぜる

作り方

【下準備】

- Aの粉類は合わせてふるう。
- 発酵あずきあんを4等分（30g）にし、7～8cmの棒状に丸めておく。

1 生地を作る。AにBを加え、泡立て器で混ぜる。

2 たい焼き器にサラダ油（分量外）を少量ひき、火にかけて温めたら1の生地を型の半量まで流し入れる。

3 2の上に発酵あずきあんをのせ、あんが隠れる程度にあんの上から生地を流して、たい焼き器の蓋をする。弱めの中火で10～15分、時々返しながら両面を焼き、全体に火が通ったら取り出す。

ポイント

＊本書のレシピは、ガス火専用の家庭用たい焼き器を使用した場合で作成しています。両面を時々返しながら焼きますが、電気たい焼き器を使う場合は、返す必要はありません。使用説明書を確認して焼いてください。

＊生地の溢れを防ぐために、型の半量程度を目安に流してください。

最中（プレーン、求肥入り、ドライフルーツ入り）／アイス最中

発酵あんこの上品な美味しさを楽しむのにピッタリな食べ方

材料（各1個、4個分）

発酵あずきあん（作り方p.16）……80g
発酵白花豆あん（作り方p.18）……30g
最中の皮（市販品直径6㎝）・8枚（1個につき2枚）
バニラアイスクリーム（市販品）……30g
ドライフルーツ（キウイ、オレンジを使用）……適量
求肥（作り方下記）……適量

＜求肥　作りやすい分量＞

白玉粉……50g
水……90㎖
上白糖……90g
片栗粉……適量
色粉（赤）（好みで）……適量

作り方

【プレーン】
最中の皮に発酵あずきあん30gをのせてもう1枚の皮で挟む。

【求肥入り】
最中の皮に発酵あずきあん30gと求肥をのせてもう1枚の皮で挟む。

【ドライフルーツ入り】
最中の皮に発酵白花豆あんを入れ、ドライフルーツをのせてもう1枚の皮で挟む。

【アイス】
最中の皮にバニラアイスクリームと発酵あずきあん20gをのせてもう1枚の皮で挟む。

【求肥の作り方】

1 耐熱ボウルに白玉粉を入れ、水を少量ずつ加えながらよく混ぜ、上白糖を加え混ぜたら（色をつけたい場合は色粉を足す）、ふんわりとラップをして600Wの電子レンジで2分加熱する。

2 電子レンジから取り出して混ぜ、ふんわりとラップをして電子レンジで1分加熱して混ぜる。「30秒加熱→混ぜる」を艶が出るまで繰り返す。

3 片栗粉を広げたバットに取り出し、生地を好みの厚さに手でのばし、乾燥防止にラップをして、粗熱が取れたら好みの大きさに切る。

あん団子

発酵あんこで作るから食後の血糖値上昇もゆるやかに

材料（団子2個×10串分）

発酵あずきあん（作り方p.16）……適量
発酵白花豆あん（作り方p.18）……適量

A	上新粉	60g
	白玉粉	15g
	上白糖	5g
湯（50～60℃）		55mℓ
B	上白糖	30g
	水	大さじ2

作り方

【下準備】

- Bは沸騰させて冷ます。

1 耐熱ボウルにAを入れ、湯を加えてダマがなくなるまでよくゴムべらで混ぜ、ふんわりとラップをして600Wの電子レンジで2分加熱し、よく混ぜる。

2 再びふんわりとラップをして電子レンジで2分加熱し、同様によく混ぜる。これをもう1回行う（コシのあるもち状になればよい。のびがない場合は、30秒ずつ様子を見ながら加熱→混ぜるを繰り返す）。

3 ぬれ布巾に包んでよくもみ込み（熱いので軍手をして作業する）、冷水につけて粗熱を取ったら、再度手でよくもみ込み、直径約2㎝の棒状に形を整え、2㎝幅にスケッパーで切り、丸める（くっついて作業しにくい時は、手やスケッパーにBをつけて作業する）。

4 竹串に団子を2個ずつ刺し、好みのあんをのせる。

ポイント

＊生地をもみ込むことで、弾力とコシが出ます。熱いので軍手などをして、しっかりと手に力を入れてもみ込んでください。

＊直径2㎝の棒状にする際は、Bの手水をつけてから、生地を転がしながらのばして棒状にします。また、薄くサラダ油を塗ったクッキングシートに挟んで、シートごと転がして棒状にしてもOK。

黒糖まんじゅう

黒糖の風味が生きた発酵あんこのおまんじゅう

材料（10個分）

薄力粉……………………100g
A｜黒砂糖（粉末）………50g
　｜湯（50〜60℃）
　｜………………大さじ2
　｜上白糖………………20g
　｜水あめ…………………5g
水………………………小さじ1
重曹…………………………3g
発酵あずきあん
　（作り方p.16）…………150g

ポイント

＊蒸す際に生地に水をふきかけると、打ち粉が取れてまんじゅうの表面にツヤが出ます。
＊蒸す際はまんじゅうが膨らむので、間隔をあけて蒸し器に入れてください。

作り方

【下準備】
- 薄力粉はふるう。
- 発酵あずきあんは10等分にして丸めておく。
- まんじゅうが包み上がる頃に、蒸し器は蒸気が上がるようにする。

1 鍋にAを入れて、沸かさないようにして黒砂糖を煮溶かしたら、ボウルにあけて粗熱を取り、水で溶いた重曹を加える。

2 薄力粉を1に加えてゴムべらで混ぜ合わせ、打ち粉（分量外　薄力粉）をした台の上にのせ、二つ折りにしてのばし、この作業を何度か繰り返して生地をなめらかにする。

3 2を10等分して丸め、手のひらで薄くつぶし、発酵あずきあんをのせて包み、丸く形を整える。

4 蒸気の上がった蒸し器にクッキングシートを敷き、3を生地の閉じ目を下にして並べ、霧吹きで表面に水（分量外）をふきかける。布巾でくるんだ蓋をのせ、強火で約12〜15分蒸す。

1つずつラップで包み、常温保存で2日間可能。

柚子まんじゅう

白あんは柑橘系とも相性抜群です

材料（10個分）

上白糖……………………52g
薄力粉……………………75g
重曹…………………………1g
水…………………………25mℓ
A｜発酵白花豆あん
　｜　（作り方p.18）…… 250g
　｜柚子の皮の
　｜　すりおろし……1個分
　｜レモン果汁……小さじ1

ポイント

＊柚子あんに使う、柚子の皮のすりおろしは表面の黄色い部分のみを丁寧にすりおろしてください。皮の白い部分がたくさん混じるとあんにえぐみが出てしまうので気をつけてください。

作り方

【下準備】
- 薄力粉はふるう。
- まんじゅうが包み上がる頃に、蒸し器は蒸気が上がるようにする。

1 Aをすべて混ぜ合わせて柚子あんを作ったら、10等分して丸める。

2 上白糖に水で溶いた重曹を加えて混ぜたら、薄力粉を加えてゴムべらで混ぜ、ラップをして30分ほど室温で休ませる。

3 手粉（分量外　薄力粉）をして、10等分して丸めた2を手のひらで薄くつぶして1を包み、丸く形を整える。

4 蒸気の上がった蒸し器にクッキングシートを敷き、3を生地の閉じ目を下にして並べ、霧吹きで表面に水をふきかける。布巾でくるんだ蓋をのせ、強火で約12〜15分蒸す。

1つずつラップで包み、
常温保存で2日間可能。

柚子まんじゅう　黒糖まんじゅう

黒糖まんじゅう　柚子まんじゅう

きんつば

いぶし銀が美しいきんつばも発酵あんこのおいしさが決め手に

材料（6個分、14.8×13.5㎝の卵豆腐型使用）

発酵あずきあん（作り方p.16）…400g

A	水	100㎖
	粉寒天	4g
	黒砂糖（粉末）	70g
B	薄力粉	100g
	白玉粉	20g
	水	220㎖

サラダ油……適量

冷やし固めたあんに衣を1面ずつ付ける。

作り方

【下準備】

- 卵豆腐型にラップを敷く。
- 薄力粉はふるう。

1 小鍋に**A**を入れて火にかけ、黒糖が溶け2分ほど沸騰させたら、発酵あずきあんを入れて、とろみがつくまで1～2分煮詰める。

2 型に**1**を流し込んで粗熱を取り、冷蔵庫で1時間ほど冷やし固める。6等分に切り分ける。

3 ボウルに**B**を入れて混ぜ合わせる。

4 フライパンにサラダ油を薄くひいて熱し、**3**を**2**に1面ずつ付けて（**a**）、フライパンに軽く押しながら焼き付ける。残りの5面も**3**と同様に焼く。

冷蔵保存で2日間可能。

ポイント

＊型は卵豆腐型以外にも、バットやタッパーなどでもOK。厚みを1.5～2㎝にして冷やし固めてください。

＊生地を焼き付ける際は、**B**の粉が沈みやすいのでその都度よく混ぜてから固めたあんに付けて、1面ずつ焼き付けてください。焼き付けた生地がたくさんはみ出てしまった場合はキッチンバサミなどで切って形を整えます。

レンチン豆大福

難易度の高いつきたてのもちも電子レンジを使えばお手軽に！

材料（8個分）

発酵あずきあん（作り方p.16）…200g
赤えんどう（水煮市販品）…30g
白玉粉…40g
水…100mℓ
上白糖…90g
片栗粉…適量

a

ゴムべらでしっかりと混ぜる。

作り方

1 発酵あずきあんを8等分に分けて丸める。

2 耐熱ボウルに白玉粉を入れ、水を少量ずつ加え、ゴムベラでダマをつぶすようによくその都度混ぜ、上白糖を加えてさらに混ぜる。ふんわりとラップをして600Wの電子レンジで2分加熱する。電子レンジから取り出してゴムべらで混ぜる（**a**）。

3 再びふんわりとラップをして1分加熱、その後30秒加熱する。その都度ゴムべらでよく混ぜる。

4 **3**の粗熱を取ってから赤えんどうを加えて混ぜ合わせ、片栗粉を広げたバットに取り出し、上からも片栗粉をかけて生地を手で薄くのばして8等分にする。

5 **4**を薄く広げて**1**を包む。

ポイント

＊赤えんどうは、黒煮豆で代用可能。豆抜きで普通の大福としても楽しめます。

＊あんをもちで包む際には、内側の片栗粉はしっかりと払って包んでください。粉がついたままだと型崩れの原因になります。

おはぎ3種（あん衣、きな粉衣、ごま衣）

お米の恵みたっぷりでも
糖質オフなのがうれしい

材料（15個分）

もち米……1合
米……½合
水……270mℓ
塩……小さじ½

＜あん衣　5個分＞

発酵あずきあん（作り方p.16）……200g

＜きな粉衣、ごま衣　各5個分＞

発酵あずきあん（作り方p.16）……100g
▶10等分（約10g）にして丸める

A
きな粉……大さじ4
上白糖……大さじ2
▶すべての材料をよく混ぜる

B
すりごま（黒）……大さじ4
上白糖……大さじ2
▶すべての材料をよく混ぜる

作り方

1 もち米と米は合わせて洗い、分量の水に1時間以上浸けたら、塩を加え炊飯する。炊き上がったら熱いうちに、めん棒などでご飯を半分程度つぶし、15等分して丸める。

【あん衣】

2 発酵あずきあんを5等分にし丸め、2枚のラップで挟んで平らに丸くのばし、上のラップを剥がし、**1**をのせて包む。

【きな粉衣とごま衣】

3 丸めた発酵あずきあんを、平らに丸くのばした**1**で包む。10個作る。きな粉衣は**A**を、ごま衣は**B**をまぶす。

ポイント

＊あん衣でご飯を包む際は、ラップを使うと、表面がきれいに仕上がります。

＊発酵あずきあんは、ご飯と合わせた状態で長時間常温で置いておくと、性質上発酵が進んで、水が出る場合があるので、作ったら早めにお召し上がりください。作り置きには向きません。

きな粉衣
あん衣
ごま衣

マンゴー豆乳汁粉

あずきとマンゴーは好相性。
アジアンな冷製汁粉にしました！

材料（2人分）

発酵あずきあん（作り方p.16）……70g
マンゴー（冷凍）……200g
豆乳……300mℓ
ココナッツロング……適量

作り方

【下準備】

- 豆乳は冷やす。

1 マンゴーは解凍して一口大にカットし、半分をフォークなどで粗くつぶす。

2 器に1と豆乳を注ぎ、発酵あずきあんをのせて、ココナッツロングをふる。

お汁粉

発酵あずきあんの風味を生かした
甘さ控えめのあっさりとした味わい

材料（2人分）

発酵あずきあん（作り方p.16）……200g
水……200mℓ
塩……少々
もち……2個

作り方

1 水と発酵あずきあんを鍋に入れて火にかけ、沸騰したら弱火で7〜8分煮て、塩を加える。

2 魚焼きグリルなどでもちを好みの焼き加減で焼き、器に1を入れてからのせる。

お汁粉

マンゴー豆乳汁粉

水羊羹

ひんやりとした喉ごしのよい水羊羹にはあんの風味が凝縮！

材料（14.8×13.5㎝卵豆腐型１台分）

発酵あずきあん（作り方p.16）	450g
粉寒天	4g
てんさい糖	30g
水	450㎖
塩	ひとつまみ

作り方

1. 鍋に水、粉寒天を加えてよく混ぜ、火にかける。よく混ぜながら寒天を溶かす。
2. てんさい糖を加えて、1～2分煮たら、火を止めて発酵あずきあんと塩を加え、よく混ぜる。
3. 粗熱が取れたら水でぬらした型に流し入れ、冷蔵庫で冷やし固める。固まったら好みの大きさに切る。

ポイント

＊てんさい糖を黒糖で代用すれば、こっくりとした味わいの水羊羹になります。

フルーツ羊羹

水羊羹にフルーツをトッピングするだけで
ぐんと豪華な和デザートに

材料（小さめのバット１台分）

p.39の水羊羹の固める前の液体…………………………½倍量

- 発酵あずきあん（作り方p.16）……………………………225g
- 粉寒天……………………………………………………2g
- てんさい糖………………………………………………15g
- 水………………………………………………………225㎖
- 塩…………………………………………………ごく少量

＜トッピング＞

好みのフルーツ（本書はイチジク、ブルーベリー使用）…………適量

作り方

1 鍋に水、粉寒天を加えてよく混ぜ、中火にかける。よく混ぜながら寒天を溶かす。

2 てんさい糖を加えて、1～2分煮たら、火を止めて発酵あずきあんと塩を加え、よく混ぜる。

3 粗熱が取れたら水でぬらした型に流し入れ、冷蔵庫で冷やす。

4 **3**が冷やし固まったら、フルーツをのせる（**3**がほぼ固まる直前くらいに、フルーツをのせて再度冷蔵庫で冷やし固めてもよい）。

ポイント

＊p.39の水羊羹が作れるようになったらぜひもう一品こちらを。おもてなし用にも。本書では18×13×2.5㎝の器を使用していますが、器をアレンジすれば見た目もおしゃれになります。市販のホーローバット（キャビネサイズ）で作る際は上記材料を1.5倍にして作ってください。

＊トッピングは季節のフルーツや、缶詰のフルーツ、寒天などお好みでアレンジしてください。

黒あんの栗蒸し羊羹

発酵あずきあんを蒸すだけ！ 麹の力でうま味も凝縮

材料（14.8×13.5cm 卵豆腐型1台分）

発酵あずきあん（作り方p.16）……450g
薄力粉……45g
片栗粉……10g
てんさい糖……50g
塩……ひとつまみ
湯（約60℃）……100mℓ
栗の甘露煮（市販品）……250g

冷蔵保存で3日間可能。

作り方

【下準備】

- 薄力粉、片栗粉はそれぞれふるう。
- 栗の甘露煮は蜜をきり、栗が大きい場合は2～4つ割りにする。
- 蒸し器の蒸気を上げておく。

1 ボウルに発酵あずきあんと薄力粉を入れ、粉けがなくなるまでゴムベラでよく混ぜる。

2 片栗粉を加えて、均等に混ぜたら、てんさい糖、塩を加えてさらに混ぜる。湯を少しずつ加えて混ぜる。

3 栗の甘露煮を加えて生地と馴染ませ、型に流し入れる。缶をゆらして平らに生地を広げ、表面をへらでならしたら、蒸し器に入れ、布巾でくるんだ蓋をのせ、強火で約50～60分蒸す。

4 蒸し上がりを確認して、表面にトロッとした部分があればヘラなどでならし、金網の上にのせて常温で冷ます。完全に冷めたら型から取り出して好みの大きさに切り分ける。

白あんの栗蒸し羊羹

珍しい白あんの栗蒸し羊羹。発酵白花豆あんが決め手

材料（14.8×13.5cm 卵豆腐型1台分）

発酵白花豆あん（作り方p.18）……450g
薄力粉……45g
片栗粉……10g
上白糖……50g
塩……ひとつまみ
湯（約60℃）……100mℓ
栗の甘露煮（市販品）……250g

冷蔵保存で3日間可能。

作り方

【下準備】

- 薄力粉、片栗粉はそれぞれふるう。
- 栗の甘露煮は蜜をきり、栗が大きい場合は2～4つ割りにする。
- 蒸し器の蒸気を上げておく。

1 ボウルに発酵白花豆あんと薄力粉を入れ、粉けがなくなるまでゴムベラでよく混ぜる。

2 片栗粉を加えて、均等に混ぜたら、上白糖、塩を加えてさらに混ぜる。湯を少しずつ加えて混ぜる。

3 栗の甘露煮を加えて生地と馴染ませ、型に流し入れる。型をゆらして平らに生地を広げ、表面をへらでならしたら、蒸気が上がった蒸し器に入れ、布巾でくるんだ蓋をのせ、強火で約50～60分蒸す。

4 蒸し上がりを確認して、表面にトロッとした部分があればヘラなどでならし、金網の上にのせて常温で冷ます。完全に冷めたら型から取り出して好みの大きさに切り分ける。

ポイント

＊蒸し時間が長めなので、蒸気が途切れないように時々湯の量を確認してください。
＊栗の量はお好みで加減してください。

白あんの栗蒸し羊羹

黒あんの栗蒸し羊羹

あん入りわらびもち

あんがトロ～リ。ダブル食感が楽しめます

材料（2人分、10個分）

発酵白花豆あん（作り方p.18）…… 50g
A｜片栗粉…………………… 60g
　｜上白糖…………………… 25g
水…………………………… 150mℓ
B｜きな粉…………………… 大さじ2
　｜上白糖…………………… 大さじ1
黒蜜（好みで）……………… 適量

作り方

1 発酵白花豆あんは10等分して丸める。

2 耐熱容器に**A**を入れてよく混ぜ、水を少しずつ加えて混ぜる。

3 **2**にふんわりとラップをして600Wの電子レンジで1分30秒加熱しよく混ぜる。その後30秒ずつ加熱してその都度よく混ぜ、生地が透き通るまでこれを繰り返す。

4 バットに**B**を混ぜたものを広げ、**3**を10等分に分けてのせ、**1**を包み、全体に**B**をまぶす。器に盛り付け、好みで黒蜜をかける。

冷蔵保存で2日間可能。

ポイント

＊**4**の工程で、生地を10等分にする際に、熱くて難しい場合は、氷水に生地をつけ、生地をちぎってください。その後水けをよく切ってからあんを包みます。

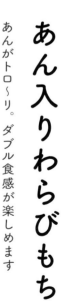

PART

3

ケーキと焼き菓子

あんこと洋菓子の組み合わせは、あまり馴染みがないかもしれませんが、

あんことバターは実は好相性。

PART3では、発酵あんこを生地に練り込んで焼き上げたり、

発酵あんこをクリームに使ったりしたケーキや焼き菓子を20種紹介しています。

発酵あんこの控えめな甘さがうま味をぐんと引き立てています。

あん入りバターサンドクッキー

サクサク食感のクッキーにあんこと
生クリームを挟んだ絶品のおやつ

材料（8個・クッキー 5×5㎝16枚分）

＜クッキー生地（作り方p.94）**＞**

A ｜ 薄力粉……90g
｜ アーモンドパウダー……30g
｜ ベーキングパウダー……2g

無塩バター……60g
粉糖……50g
塩……ひとつまみ
卵黄……1個
溶き卵……適量

＜バタークリーム＞

卵白……30g
てんさい糖……22g
無塩バター……50g

ラム酒……小さじ1
発酵あずきあん（作り方p.16）
……150g

作り方

【下準備】

- オーブンは160℃に予熱する。
- 無塩バターは常温に戻す。

1 クッキー生地を作る。p.94の**1**～**3**を参照にして、クッキー生地を作り、20×20㎝、3㎜厚さにのばして休ませる。生地を5×5㎝にカットして、オーブンシートを敷いた天板にのせる。表面に溶き卵を塗り（**a**）、160℃に予熱したオーブンで約20分焼成し、冷ます。

2 バタークリームを作る。ボウルに卵白を入れ、てんさい糖12gを2回に分けて加え、しっかりとしたメレンゲを作る。別のボウルに無塩バター、残りのてんさい糖10gを加えて白っぽくなるまで泡立て、メレンゲを少しずつ加えて混ぜる。

3 直径8㎜くらいの丸口金をセットした絞り袋に**2**を入れる。同様に発酵あずきあんとラム酒を混ぜたあんを別の絞り袋に入れる。

4 **1**のクッキーの裏面に**3**のバタークリーム、あんを絞って重ね（**b**）、もう1枚のクッキーでサンドする。8セット作る。

ポイント

＊クッキー生地を焼く際は冷蔵庫で冷やしてから焼いてください。生地が冷たくない状態で焼くと仕上がりがきれいな四角の形になりにくくなります。

＊バタークリームを作る際に、バターとメレンゲを合わせて分離してしまったら、一度湯煎にかけてから、氷水にあてながら再度泡立ててください。

クッキー生地に卵を塗る。

クッキーの裏面にバタークリーム、あんを絞る。

Cuit
ce côté contre
la plaque

白あんと渋皮栗のパウンドケーキ

発酵白花豆あん、渋皮栗、和三盆糖使用の贅沢なパウンド

材料（パウンドケーキ型18㎝1台分）

発酵白花豆あん（作り方p.18）…160g
渋皮栗（市販品）…400g
無塩バター…100g
和三盆糖…70g
バニラビーンズ…少量
塩…ひとつまみ
卵…1.5個（75g）
ブランデー…大さじ2
A　薄力粉…70g
　アーモンドパウダー…30g
　ベーキングパウダー…2g

ポイント

＊生地を流し入れる際は、栗と栗の間にすき間ができないようにしてください。

＊ブランデーを焼き上がりに塗る際は、熱いうちに塗るのが、風味よく仕上げるコツ。冷めてから塗るとアルコールの匂いがきつくなり栗の風味がぼやけてしまいます。

作り方

【下準備】

- Aの粉類は合わせてふるう。
- 無塩バター、卵は常温に戻す。
- オーブンは天板とともに170℃に予熱する。

1 ボウルに無塩バターを入れてほぐし、塩、バニラビーンズを入れ、和三盆糖を少しずつ加えながら、白っぽくなるまですり混ぜたら、発酵白花豆あんを加えて混ぜる。

2 卵を少量ずつ加え混ぜ、ブランデーを加えてさらに混ぜる。

3 Aを加えて練らないようにさっくりと切り混ぜたら、製菓用シートを敷いた型に生地を少量流し入れ、栗を並べてからすき間にも生地を少量流し、さらにもう1段栗を並べて、上から栗にかぶせるように残りの生地を流す。

4 170℃に予熱したオーブンで約50〜60分焼き、型から取り出し、焼き上がりの熱いうちに上面と側面にブランデー（分量外）を刷毛でたっぷりと塗る。

黒あんとバナナのパウンドケーキ

発酵あずきあんを生地にプラスしてしっとり感アップ

材料（パウンドケーキ型18㎝1台分）

発酵あずきあん（作り方p.16）…100g
バナナ…2本
　▶½本取り分け、薄い輪切りにする
上白糖…30g
無塩バター…100g
　▶10gと90gに分ける
ラム酒…小さじ1
てんさい糖…80g
はちみつ…10g
卵…1個
生クリーム…30㎖
A　アーモンドパウダー…20g
　薄力粉…80g
　ベーキングパウダー…3g

ポイント

＊バナナは、炒めてから使うことで風味がよりアップします。

作り方

【下準備】

- Aの粉類は合わせてふるう。
- 無塩バター、卵は常温に戻す。
- オーブンは天板とともに170℃に予熱する。

1 フライパンに上白糖を入れてきつね色になるまで加熱し、バナナ1.5本分を加えてつぶしながら炒め、全体に火が通ったら、無塩バター10g、ラム酒を加えて火から下ろして冷ます。

2 ボウルに無塩バター90gをクリーム状にほぐし入れ、てんさい糖、はちみつの順に加えて混ぜる。

3 溶き卵を少しずつ加えて混ぜ、生クリーム、**1**を加えて混ぜる。

4 Aを加えて練らないようにさっくりと切り混ぜたら、150g取り分けて発酵あずきあんと混ぜる。

5 製菓用シートを敷いた型に**4**のプレーンの生地を少量流したら、**4**の発酵あずきあん入り生地を流し入れ、その上から残りのプレーンの生地を流し、表面にバナナの輪切りを並べて170℃に予熱したオーブンで約50分焼く。型から取り出し、粗熱が取れたら、粉糖（分量外）をふる。

黒あんとバナナのパウンドケーキ

白あんと渋皮栗のパウンドケーキ

エッグタルト

人気のエッグタルトに発酵レンズ豆あんを加えて焼き上げました

材料（9個分　上直径7.5㎝×下直径5.4㎝×深さ2.8㎝のマフィン型）

発酵レンズ豆あん（作り方p.20）……90g

＜練りパイ生地(作り方p.93)＞

薄力粉……65g
強力粉……22g
塩……2g
無塩バター……87g
牛乳……35㎖

＜アパレイユ・生地＞

卵黄……4個
上白糖……60g
バニラビーンズ……少量
A｜生クリーム……80㎖
　｜牛乳……80㎖

作り方

【下準備】

• オーブンは天板とともに230℃に予熱する。

1 練りパイ生地を作る。左記配合でp.93の練りパイ生地の作り方**1**～**4**を参照して生地を作り、約20gずつカットしてのばして型に敷き込み、冷蔵庫で1時間冷やす。

2 アパレイユを作る。卵黄に上白糖とバニラビーンズを加えて混ぜ、**A**を加えて漉す。

3 **1**に発酵レンズ豆あんを9等分に入れ、**2**を型の7～8分目まで流し、230℃に予熱したオーブンで約17～20分焼く。

輪切りにしたエッグタルト。あんとアパレイユが二層に。

ポイント

＊生地に流すアパレイユの量が多いと焼いているうちに膨らんで溢れてしまうので、7～8分目を目安にしてください。

白あんのホイルケーキ

型いらずの簡単おやつ。ホイルで包んで焼くだけ

材料（6個分）

	発酵白花豆あん（作り方p.18）	60g
	無塩バター	60g
	てんさい糖	50g
	卵	1個
	練乳	20g
A	薄力粉	80g
A	ベーキングパウダー	小さじ¼

作り方

【下準備】

- Aの粉類は合わせてふるう。
- 無塩バターと卵は常温に戻す。
- アルミホイルは15㎝角を6枚用意し、内側にごく薄くバター（分量外）を塗る。
- オーブンは180℃に予熱する。

1 ボウルに無塩バターとてんさい糖を入れ、白っぽくなるまですり混ぜる。溶き卵を2～3回に分けて加えてよく混ぜ、練乳を加えてさらに混ぜる。Aを加えて練らないようにさっくりと混ぜ合わせる。

2 発酵白花豆あんは6等分にし、4㎝長さの棒状に丸める。

3 **1**の生地を12等分にし、アルミホイルの中央にのせ、**2**と**1**の残りの生地をさらにのせ、アルミホイルで包む。天板にのせ、予熱した180℃のオーブンで約18～20分焼く。

ポイント

＊アルミホイルに生地がくっつきやすいため、必ず薄くバターを塗ってください。

＊発酵白花豆あん以外にも、お好みのあんや炒めたリンゴなどを加えてもおいしいです。

ガトーバスク

フランスの地方菓子に
発酵あずきあんをプラスして焼き上げます

材料（バットキャビネサイズ約21×16.5×3㎝1台分）

発酵あずきあん（作り方p.16）……130g

＜生地＞

無塩バター……115g
てんさい糖……115g
卵……1個弱（40g）
アーモンドパウダー……55g
ラム酒……小さじ1と½

A
- 薄力粉……55g
- 強力粉……55g
- ベーキングパウダー……2g

塩……ひとつまみ
カスタードクリーム（作り方p.91）……120g
ラム酒……小さじ½
溶き卵（仕上げ用）……適量

作り方

【下準備】

- 無塩バターと卵は常温に戻す。
- Aの粉類は合わせてふるう。
- アーモンドパウダーはふるう。
- オーブンは天板とともに170℃に予熱する。

1 生地を作る。ボウルに無塩バターを入れ、てんさい糖、塩を加えてすり混ぜたら、溶き卵を少しずつ加えて混ぜる。

2 アーモンドパウダー、ラム酒の順に加えて混ぜたら、Aを加えて練らないようにさっくりと混ぜ、生地をラップに包んで冷蔵庫で2時間以上休ませる。

3 2の生地のうち180gを残して、生地を18×24㎝にのばして、バター（分量外）を塗った型に敷き込む。

4 発酵あずきあんを入れて広げ、カスタードクリームとラム酒を混ぜたものをその上に重ねて広げる（a）。

5 3の残りの生地をバットと同じ形に成形して、4にかぶせて（b）、指で軽く押して下の生地と接着させたら、溶き卵を表面に塗り、フォークで筋を入れる（c）。予熱した170℃のオーブンで約50〜55分焼く。

a

バットに生地を敷いたら、あん、カスタードクリームを入れる

b

残りの生地をバットと同じ形に成形して、かぶせる。

c

フォークで筋を入れる。

ポイント
＊生地が通常のクッキー生地よりやわらかいので手早く作業してください。生地がだれてきたら、一度冷蔵庫で休ませてから型に敷き込むといいでしょう。

あんこパイ

甘さ控えめのパイ。
パイとあんこ、アーモンドクリームの
ハーモニーが絶妙のおいしさです

材料（直径18㎝パイ皿1台分）

発酵あずきあん（作り方p.16）……250g
溶き卵……適量

＜練りパイ生地(作り方p.93)＞

薄力粉……180g
強力粉……20g
塩……2g
無塩バター……100g
冷水……30㎖

＜アーモンドクリーム(作り方p.92)＞

無塩バター……30g
てんさい糖……30g
アーモンドパウダー……30g
卵……½個（25g）

作り方

【下準備】

• パイを焼く際、オーブンは天板とともに200℃に予熱する。

1 p.93の**1**〜**3**を参照して上記配合で練りパイ生地を作る。台に打ち粉（分量外強力粉）をして、生地を40×20㎝にのばし、2×40㎝の帯を2本作り、残りの生地を3枚にカットする（**a**）。

2 p.92を参照して上記配合でアーモンドクリームを作る。

3 **1**の3枚の生地の1枚をパイ皿の大きさにのばして（**b**）、パイ皿に敷き込み、アーモンドクリーム、発酵あずきあんの順にのせ（**c**）、もう1枚の生地をのばしてかぶせる（**d**）。溶き卵で閉じ目を接着する。

4 残り1枚の生地を薄くのばして、5㎜幅の細い帯になるようにカットし（**e**）、**3**の上に溶き卵を塗って格子状にのせる。

5 **1**の帯2本を使ってパイのふちに1周重なるようにのせ、帯の部分にも溶き卵を塗り、側面のはみ出た部分をカットする（**f**）。

6 パイの上面に竹串で空気穴を数カ所あけ、200℃に予熱したオーブンで25〜30分、その後180℃で20〜25分焼く。

常温保存で2日間可能。

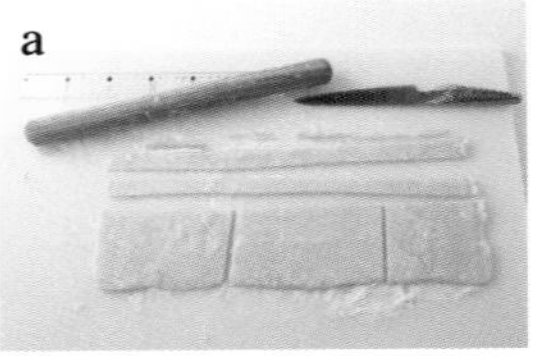

a
生地を40×20㎝にのばし、帯2本作り、残りは3等分にする。

b
1枚の生地をパイ皿の大きさに伸ばす。

c
パイ皿に生地、アーモンドクリーム、発酵あずきあんを敷く。

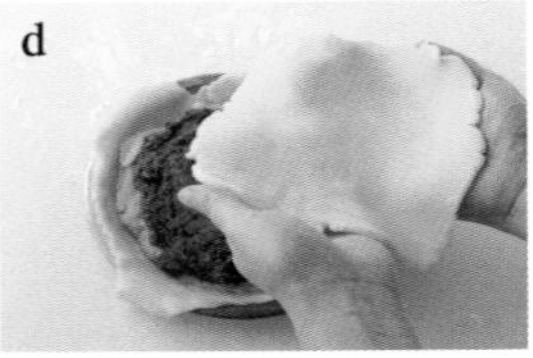

d
蓋になる部分をもう1枚の生地で覆う。

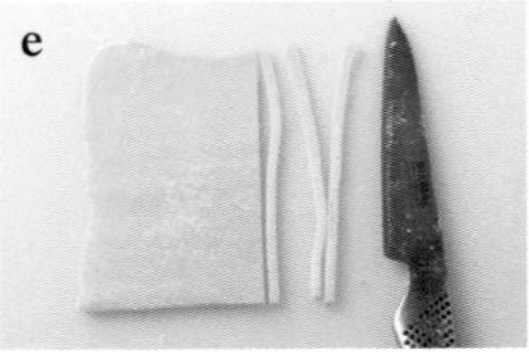

e
パイの模様を作るために残り1枚の生地を5㎜幅に切る。

f
帯2本の生地でパイ皿のふちを覆い、側面のはみ出た部分をナイフなどでカットする。

ポイント

＊生地がだれやすいので、パイ皿に敷きこむ際には、ぎりぎりまで冷蔵しておくのがきれいに仕上げるポイント。使う生地のみを冷蔵庫から出して作業してください。サクサクの甘くない生地なので、たっぷりの発酵あずきあんがとてもおいしく食べられるパイです。

チョコあんフィナンシェ

あんとチョコのマリアージュ。
しっとり感もアップします

材料（5×8.5㎝のフィナンシェ型5個分）

＜チョコレートあん＞

発酵ひよこ豆あん（作り方p.22）……40g
製菓用チョコレート（カカオ70％）……20g

＜生地＞

卵白……40g
てんさい糖……32g
製菓用チョコレート（カカオ70％）……20g
A ｜ アーモンドパウダー……25g
｜ 薄力粉……12g
｜ ココアパウダー……3g
無塩バター……36g

作り方

【下準備】

- **A**の粉類は合わせてふるう。
- 製菓用チョコレートはそれぞれ湯煎で溶かす。
- 型にバター（分量外）を塗って冷蔵庫に入れる。
- オーブンは天板とともに170℃に予熱する。

1 チョコレートあんを作る。発酵ひよこ豆あんに湯煎で溶かした製菓用チョコレートを加えてよく混ぜ、直径1㎝の丸口金をセットした絞り袋に入れる。

2 生地を作る。ボウルに卵白を入れてほぐし、てんさい糖を加えてすり混ぜたら、湯煎で溶かした製菓用チョコレートを加えて混ぜ、さらに**A**を加えて混ぜる。

3 無塩バターを鍋に入れて焦げ色がつくまで火にかけ、**2**に2～3回に分けて加え、その都度よく混ぜる。

4 **3**を型に流し入れて、**1**を中央に絞り（**a**）、予熱した170℃のオーブンで約13～15分焼く。

常温保存で5日間可能。

生地を流したら、チョコレートあんを中央に絞る。

ポイント

＊製菓用チョコレートはカカオ70％のビターなタイプを使用していますがチョコレートはお好みのもので試して。カカオ分が少ない場合はてんさい糖の量を少し減らしてください。

ARROS

マフィン3種

発酵あんこ3種を使えばバリエーションもこんなに広がります

共通の下準備

- Aの粉類は合わせてふるう。
- オーブンは天板とともに170℃に予熱する。

コーヒーと発酵あずきあんのマフィン

材料（直径4cmのマフィン型6個分）

発酵あずきあん（作り方p.16）	120g
▶6等分に丸める	
卵	1個
てんさい糖	20g
A インスタントコーヒー	4g
牛乳	大さじ2
無塩バター	40g
▶湯煎にかけて溶かす	
練乳	大さじ2
B 薄力粉	110g
ベーキングパウダー	2g

作り方

1 ボウルに卵をほぐし、てんさい糖を加え、白っぽくなるまで泡立てる。さらにAと練乳を加えて混ぜる。Bを加え、練らないようにさっくりと粉けがなくなるまで混ぜる。

2 1をグラシンカップを敷いた型に半分流したら、発酵あずきあんを入れ、その上にあんこが隠れるように再び生地を流す。170℃に予熱したオーブンで約25分焼く。

発酵白花豆あんとベリーのマフィン

材料（直径4cmのマフィン型7個分）

発酵白花豆あん（作り方p.18）	100g
ラズベリーパウダー（フリーズドライ）	7g
卵	1個
てんさい糖	50g
無塩バター	50g
▶湯煎にかけて溶かす	
牛乳	50mℓ
A 薄力粉	100g
ベーキングパウダー	3g
B ラズベリーフレーク（フリーズドライ）	適量

作り方

1 発酵白花豆あんはラズベリーパウダーと混ぜ、直径1cmの星口金をセットした絞り袋に入れる。

2 ボウルに卵をほぐし入れ、てんさい糖を加えて白っぽくなるまで泡立て、無塩バターと牛乳を加えて混ぜる。Aを加え、さっくりと練らないように混ぜたら、グラシンカップを敷いた型に流し、170℃に予熱したオーブンで約25分焼く。

3 粗熱が取れたら上部に1を絞りBを散らす。

抹茶と発酵ひよこ豆あんのアプリコットチーズマフィン

材料（直径4cmのマフィン型7個分）

発酵ひよこ豆あん（作り方p.22）	90g
▶7等分に丸める	
無塩バター	65g
てんさい糖	50g
塩	ひとつまみ
卵	1個
▶常温に戻す	
牛乳	50mℓ
A 薄力粉	110g
ベーキングパウダー	小さじ1
抹茶	3g
アーモンドパウダー	10g
B クリームチーズ	50g
ヨーグルト（無糖）	10g
粉糖	10g
アプリコット（セミドライ・みじん切り）	10g
▶すべての材料を混ぜる	

作り方

1 ボウルに無塩バターを入れ、てんさい糖と塩を加えて混ぜ、溶き卵を数回に分けて加えて混ぜる。Aを加え、練らないようにさっくりと混ぜ、途中牛乳を半量加えてさらに切り混ぜたら、残りの牛乳を加えて粉けがなくなるまで混ぜる。

2 グラシンカップを敷いた型に1を少量流し、発酵ひよこ豆あんを入れる。

3 2にBを等分して重ね、残りの1の生地を流し、表面にアプリコット（分量外）を好みでカットしてのせ、予熱した170℃のオーブンで約25分焼く。

コーヒーと発酵あずきあんのマフィン

発酵白花豆あんと
ベリーのマフィン

抹茶と発酵ひよこ豆あんの
アプリコットチーズマフィン

月餅

手作りの発酵あずきあんで作る
月餅は最高のおやつ。
やみつきになります

材料（直径6.5㎝の月餅型5個分）

〈あん〉

A
- 発酵あずきあん（作り方p.16）……200g
- 水あめ……20g
- 塩……ひとつまみ
- ごま油……5g

ミックスナッツ（アーモンド、くるみ、マカダミアンナッツ、カシューナッツなど）……90g
黒ごま……10g

〈生地〉

薄力粉……100g

B
- 塩……ひとつまみ
- はちみつ……65g
- ピーナツオイル（なければサラダ油）……35g

C
- 卵黄……1個
- みりん……小さじ1

作り方

【下準備】

- ミックスナッツは130℃のオーブンで20分空焼きし、細かく刻む。
- 薄力粉はふるう。
- オーブンは180℃に予熱する。

1 あんを作る。**A**を鍋に入れて火にかけ、水分を飛ばし、温かいうちに、ミックスナッツと黒ごまを混ぜ、5等分にして丸める。

2 生地を作る。ボウルに薄力粉と**B**を入れてゴムべらで混ぜ、手粉（分量外　強力粉）をして5等分にして丸める。

3 **2**を2枚のラップで挟んで手で押さえて薄くのばし（**a**）、上のラップをはずし、**1**を生地の上にのせて（**b**）、包む（**c**）（型に収まる大きさで）。

4 型に打ち粉（分量外　強力粉）をして**3**を成形し、模様をつけ（**d**）、冷蔵庫に入れて2時間休ませる（型がない場合は直径6.5㎝のセルクルに入れて平たく整え、竹串等で模様をつける）。

5 **C**を合わせて**4**の上面に塗り、180℃のオーブンで約25分焼く。焼き上がったらみりん（分量外）をサッと刷毛で塗って冷まし、ラップをして保存する。

常温保存で5日間可能。

a

生地を成形するときは、ラップで挟むと作りやすい。

b

あんは生地で包みこめる程度入れる。

c

あんを包み込んだところ。

d

cを月餅の型に1つずつ重ね、1回だけ押し戻し、成形と模様をつける。

型からはずしたところ。

ポイント

＊あんに入れる具材は、ミックスナッツのほかにドライフルーツなどを加えてもおいしいです。

＊包む生地はやわらかいので、薄くのばして手早くあんを包んでください。

＊当日もおいしいですが翌日は生地がよりしっとりします。

半生タイプのクッキー

生地の休ませも不要。あんを加えることで、しっとり食感のクッキーになります

材料（約20枚分）

発酵白花豆あん（作り方p.18）……40g
無塩バター……40g
てんさい糖……90g
卵黄……1個
バニラオイル……適量
牛乳……小さじ2
A｜薄力粉……140g
　｜ベーキングパウダー……小さじ½
製菓用チョコレート……60g

作り方

【下準備】

- 無塩バターは常温に戻す。
- **A**の粉類は合わせてふるう。
- 製菓用チョコレートは5㎜角くらいに荒く刻む。
- オーブンは170℃に予熱する。

1 ボウルに無塩バターと発酵白花豆あんを入れてよく混ぜ、てんさい糖、卵黄、バニラオイル、牛乳の順に加え混ぜる。

2 **1**に**A**を加えて練らないようにさっくりと混ぜ、粉けが残っているうちに製菓用チョコレートを加えて混ぜる。

3 **2**の生地をスプーン1杯ほどの量を取って手で丸め、中央を指で押してくぼませる。

4 オーブンシートを敷いた天板にのせて、170℃に予熱したオーブンで約9～11分焼く。

ポイント

＊生地に少量のココアを加えるとチョコ風味のクッキーにも。

あんこ入り3種のクッキー（プレーンクッキー・ココアクッキー・ココナッツクッキー）

発酵レンズ豆あんがアクセントになった香ばしいクッキー。
3種の味を楽しんで

材料（各約20枚分）

<プレーンクッキー>

発酵レンズ豆あん（作り方p.20）……80g
無塩バター……50g
てんさい糖……25g
A｜薄力粉……プレーン 80g
　｜アーモンドパウダー……10g

<ココアクッキー>

発酵レンズ豆あん（作り方p.20）……80g
無塩バター……50g
てんさい糖……25g
A｜薄力粉……75g
　｜ココアパウダー……10g

<ココナッツクッキー>

発酵レンズ豆あん（作り方p.20）……80g
無塩バター……50g
てんさい糖……25g
A｜薄力粉……70g
ココナッツファイン……10g

作り方（3種共通）

【下準備】
- Aの粉類は合わせてふるう。
- 無塩バターは常温に戻す。
- オーブンは170℃に予熱する。

1 無塩バターをほぐし入れててんさい糖を加え混ぜ、さらに発酵レンズ豆あんを加えて混ぜる。

2 ボウルにAを加え（ココナッツクッキーはココナッツファインも加える）、生地を練らないようにさっくりと混ぜる。

3 生地をオーブンシートに包んで20㎝ほどの棒状に丸め、冷凍庫で2時間冷やし固める。

4 **3**を1㎝幅にカットし、製菓用シートを敷いた天板に並べ、170℃に予熱したオーブンで約17～20分焼く。

湿気を避け、保存容器に入れて5～7日間常温保存可能（乾燥剤を入れるとより長持ちします）。

ポイント

＊無塩バターと発酵レンズ豆あんの水分を使用して生地をまとめることで、卵不使用に。

＊アイスボックスクッキーなので、食べる分だけカットして焼けるのも魅力です。

ココナッツクッキー
プレーンクッキー
ココアクッキー

ラズベリーあんサンドケーキ

発酵白花豆あんにラズベリーパウダーを混ぜた
ほんのりベリー風味のあんを挟んで作るケーキです

材料（直径15㎝デコ缶1台分）

無塩バター……100g
てんさい糖……100g
卵……2個
A｜薄力粉……100g
　｜ベーキングパウダー……小さじ½
生クリーム……70㎖
B｜発酵白花豆あん（作り方p.18）……150g
　｜ラズベリーパウダー……5g
粉糖（好みで）……適量

作り方

【下準備】

- 無塩バターと卵は常温に戻す。
- **A**の粉類は合わせてふるう。
- オーブンは天板とともに170℃に予熱する。
- 型にバター（分量外）を塗り、底に製菓用シートを敷く。

1 ボウルに無塩バターを入れ、てんさい糖を加えて白っぽくなるまですり混ぜる。溶き卵を少しずつ加えて混ぜたら**A**を加え、練らないようにさっくりと混ぜる。

2 型に流し入れ、170℃に予熱したオーブンで約40～45分焼き、焼き上がったら型から出して完全に冷ます。

3 **2**を2枚にスライスし、1枚の上に泡立てた生クリームを広げる。

4 **B**をよく混ぜ直径1㎝の丸口金をセットした絞り袋に入れて、**3**の上に絞り（**a**）、もう1枚の生地でサンドしたら好みで上から粉糖をふる。

冷蔵保存で3日間可能。

a

ラズベリーあんは、中心から渦を描くようにスポンジ生地の際より少し内側まで絞る。

ポイント

＊ラズベリーパウダーの量はお好みで加減してください。ラズベリーパウダーがなければ発酵白花豆あんをそのまま挟んでもおいしくいただけます。

ガトーショコラブラン

グランマルニエの香りが上品に効いた白いガトーショコラ

材料（直径15㎝1台分）

発酵白花豆あん（作り方p.18）……130g
製菓用ホワイトチョコレート……80g
無塩バター……20g
牛乳……10㎖
卵黄……2個
グランマルニエ……大さじ1
卵白……2個
上白糖……10g
薄力粉……10g
粉糖（好みで）……適量

作り方

【下準備】

- 型の底に製菓用シートを敷き、側面はバター（分量外）を塗る。
- 薄力粉はふるう。
- オーブンは天板とともに180℃に予熱する。

1 ボウルに製菓用ホワイトチョコレートと無塩バターを入れ、湯煎にかけて溶かし、牛乳を加えて混ぜる。卵黄を1つずつ加えて混ぜ、発酵白花豆あん、グランマルニエも加えて混ぜる。

2 別のボウルに卵白を泡立て、途中3～4回に分けて上白糖を加えてしっかりとしたメレンゲを作る。

3 **1**を**2**に加えて手早く混ぜ、薄力粉を加えてさっくりと混ぜたら型に流し、180℃に予熱したオーブンで約20～25分焼く。冷めたら好みで粉糖をふる。

冷蔵保存で5日間可能。

ポイント

＊常温でも冷やして食べてもおいしいです。グランマルニエの香りが上品に効いた大人のガトーショコラです。

＊あんをプラスすることでしっとり感がアップします。

あん入りスイートポテト

発酵あんこを包んで作るから、通常のスイートポテトよりやわらかい

材料（6個分）

好みの発酵あんこ ……………… 180g
※本書では発酵あずきあん（作り方p.16）とひよこ豆あん（作り方p.22）使用
さつまいも ……… 1½本（250g・正味）
無塩バター…………………………… 20g
てんさい糖…………………………… 40g
卵黄…………………………………… 1個
バニラエッセンス…………………… 適量
生クリーム…………………………… 10㎖
ラム酒……………………………… 小さじ½
卵黄（仕上げ用）…………………… 1個
みりん………………………………… 少々
黒ごま………………………………… 適量

発酵
ひよこ豆あん　発酵あずきあん

ポイント

＊成形する際は、生地がやわらかいので手粉をして作業してください。

作り方

【下準備】

- 発酵あんは6等分に丸める。
- 無塩バターは常温に戻す。
- オーブンは200℃に予熱する。

1 さつまいもは皮ごと洗ってアルミホイルにくるみ、200℃に予熱したオーブンで40～60分焼き（竹串がすっと通ればOK）、皮を取り除き、フードプロセッサーにかける（もしくはつぶして裏ごしする）。250g計量する。

2 ボウルに無塩バターを入れて練り、てんさい糖を加え、卵黄、バニラエッセンス、生クリーム、ラム酒の順に加えて混ぜる。

3 **1**に**2**を加え混ぜ、手粉（分量外　強力粉）をして6等分して丸める。

4 **3**を手のひらで広げて発酵あんこを包んで俵型に整え、冷蔵庫で30分休ませる。

5 仕上げ用の卵黄をみりんでのばして刷毛で**4**の表面に塗り、黒ごまをふったら、200℃に予熱したオーブンで約20～25分焼く。

冷蔵保存で3日間可能。

発酵レンズ豆あんとバナナの春巻き

焼きたてのパリパリ食感を楽しんで

材料（4個分）

発酵レンズ豆あん（作り方p.20）……100g
バナナ（完熟）……1本
春巻きの皮……4枚
無塩バター……30g
粉糖……適量

a
春巻きの皮の中央より手前にバナナ、あんを細長く広げる。

b
手前、左右の皮を折り、手前から巻いていく。

作り方

1 バナナはフォークの背でつぶす。

2 春巻きの皮の中央より少し手前側に**1**と発酵レンズ豆あんを細長く広げる（**a**）。春巻きの皮の手前と左右を折り（**b**）、手前から巻いて巻き終わりを水で接着する。

3 湯煎で溶かした無塩バターを刷毛で**2**の全体に薄く塗り、粉糖をふってオーブントースターでこんがりと焼き色がつくまで焼く。

ポイント

＊春巻きの皮をパイ生地に見立てて作る簡単おやつです。

＊バターを塗りすぎたり、焼いてから長い時間が経ったりすると春巻きの皮のパリパリ感がなくなるので焼きたてがおすすめです。

PART 4

冷たいお菓子

冷やしていただく発酵あんこもまた絶品です。

焼いたり、冷やしたもの、クリームやアイス、

トッピングに発酵あんこを使ったものなど11種類を紹介します。

気温の上がる季節に発酵あんこをいただくなら、

ひんやりスイーツでどうぞ！

プレーンロールケーキ

クリームに発酵あんこを混ぜて作ります

材料（1本分）

<シートスポンジ生地
26×38㎝ 天板½枚分>

卵……3個
上白糖……50g
A｜薄力粉……45g
B｜無塩バター……7g
　｜牛乳……25mℓ

<クリーム>

発酵レンズ豆あん（作り方p.20）……60g
生クリーム……100mℓ
練乳……30g

<仕上げ>

粉糖……適量

作り方

1 シートスポンジ生地を作る。左記材料でp.95の**1**～**6**を参照して生地を作り、生地が冷めたらオーブンシートをはずして新しいオーブンシートの上にのせる（**a**）。

2 クリームを作る。ボウルに生クリームを入れ練乳を加えてしっかりと泡立て、発酵レンズ豆あんを加えて混ぜたら、**1**の上に広げ、オーブンシートの端を持って生地を巻いて冷やし、クリームが冷えたら表面に茶漉しで粉糖をふる。

冷蔵保存で2日間可能。

a シートスポンジの焼き上がり。焼成時のオーブンシートをはずして新しいオーブンシートの上にのせる。

抹茶のロールケーキ

発酵レンズ豆あんと抹茶クリーム2種を巻きます

材料（1本分）

<シートスポンジ生地
26×38㎝ 天板½枚分>

卵……2個
上白糖……60g
A｜薄力粉……32g
　｜抹茶……2g
B｜無塩バター……15g

<抹茶クリーム>

発酵レンズ豆あん（作り方p.20）……60g
生クリーム……60mℓ
▶15mℓと45mℓに分ける
製菓用ホワイトチョコレート……10g
抹茶……2g

<仕上げ>

抹茶……適量

作り方

1 シートスポンジ生地を作る。左記材料でp.95の**1**～**6**の作り方を参照して生地を作り、生地が冷めたらオーブンシートをはずして新しいオーブンシートの上にのせる。

2 抹茶クリームを作る。ボウルに生クリーム15mℓを湯煎で温め、製菓用ホワイトチョコレートを加えて溶かす。

3 別のボウルに生クリーム45mℓと抹茶を加えて泡立て、**2**を加えて混ぜ、再度しっかりと泡立てたら、**1**の上に広げる。

4 直径1㎝の丸口金をセットした絞り袋に発酵レンズ豆あんを入れて、**3**の手前からあんを巻く向きと平行に4列すき間をあけて絞り（**b**）、オーブンシートの端を持って生地を巻いて（**c**）冷やす。クリームが冷えたら茶漉しで抹茶をふる。

冷蔵保存で2日間可能。

b 抹茶クリームを広げた上に、発酵レンズ豆あんを手前から4列絞る。

c 敷いていたオーブンシートの端を持ち上げ、シートスポンジを巻く。

プレーンロールケーキ

抹茶のロールケーキ

あん入りシューアラクレーム

発酵あんこの優しい甘さがシュークリームのおいしさを一層引き立てます

材料（約5～6個分）

<シュー生地>

- A
  - 水……………………25mℓ
  - 牛乳…………………25mℓ
  - 無塩バター…………23g
  - てんさい糖……………1g
  - 塩…………ひとつまみ
- 薄力粉……………………28g
- 卵………………………1～2個

<クリーム>

- カスタードクリーム（作り方p.91）…………240g
- 生クリーム……………120mℓ
- 発酵あずきあん（作り方p.16）…………60g
- 粉糖……………………適量

作り方

【下準備】

- カスタードクリームはp.91を参照して作る。
- オーブンは200℃に予熱する。
- 薄力粉はふるう。
- 天板に薄くバター（分量外）を塗る。

1 シュー生地を作る。鍋に**A**を入れて火にかけ、完全に沸騰させたら火からはずし、薄力粉を加えて混ぜる。

2 再び火にかけ、底に膜ができる程度にまでなったら（**a**）、ボウルに移して、溶き卵を少しずつ加えながら混ぜる。ゴムべらですくった生地を落として、ゴムべらについた生地が逆三角形の形になるまで（**b**）よく混ぜる。

3 **2**を直径1cmの丸口金をセットした絞り袋に入れて、天板に丸く絞り（**c**）、**2**で残った溶き卵を塗って、水をつけたフォークで表面を軽く押さえて（**d**）、200℃に予熱したオーブンで約20分、その後170℃に下げて約10分焼く。焼きあがって粗熱が取れたら、生地の上部⅓の部分をカットする。

4 生クリームをしっかりと泡立て、カスタードクリームと混ぜたら、直径1cmの丸口金をセットした絞り袋に入れて、**3**にたっぷりと絞る。

5 発酵あずきあんを**4**の上にのせ、**3**のカットした上の部分の生地をのせて冷蔵庫で冷やし、クリームが冷えたら茶漉しで粉糖をふる。

ポイント

＊シュー生地は固すぎてもやわらかすぎても膨らまないため、工程**2**の逆三角形の状態になったのを必ず確認してから絞り出してください。

＊シュー生地の焼成中に焼ききらないでオーブンを開けると、冷気でしぼんでしまいます。シュー生地の頭が割れた状態を確認してください。

a

鍋底に膜が張るぐらいで火をとめる。

b

卵を加えて、ゴムベラについた生地が逆三角形の形になるまでよく混ぜる。

c
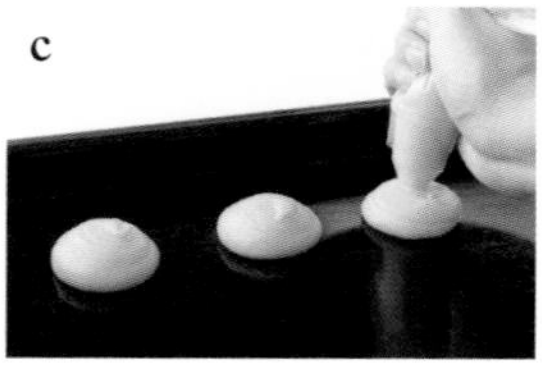
シュー生地を天板に丸く絞る。

d

溶き卵を塗り、均等に膨らませるために、水でぬらしたフォークでシュー生地を軽く押さえる。

ベイクドチーズケーキ

チーズとあんこのダブル発酵ケーキ
栄養価も高く疲労回復にも◎

材料（直径15㎝デコ缶、底がはずれるタイプ1台分）

発酵レンズ豆あん（作り方p.20）……130g
クリームチーズ……300g
ビスケット（市販品）……100g
無塩バター……70g
▶40gと30gに分ける
上白糖……90g
卵……1個
生クリーム……30㎖
レモン果汁……小さじ2
薄力粉……35g

作り方

【下準備】

- クリームチーズ、無塩バター30gは常温に戻す。
- 薄力粉はふるう。
- オーブンは天板とともに170℃に予熱する。
- 型にバターを塗る。

1 無塩バター40gは湯煎で溶かす。ビスケットはビニール袋に入れて上から叩いて細かくし、溶かしたバターを加えて手でよくもみ、型の底に広げてスプーンの背で押さえる。

2 **1**の上に発酵レンズ豆あんを広げ、冷蔵庫に入れる。

3 ボウルにクリームチーズと無塩バター30gをほぐし入れ、上白糖を2～3回に分けて加えて混ぜる。溶き卵を少しずつ加えて混ぜ、生クリーム、レモン果汁、薄力粉の順に加え混ぜる。

4 **3**を漉し器で漉しながら、**2**に流す。

5 170℃に予熱したオーブンで約45分焼く。粗熱が取れたら型ごと冷蔵庫で3時間以上冷やし、型からはずす。

冷蔵保存で3日間可能。

ポイント

＊型からはずすときは、しっかりと冷やしてから外してください。焼き上がりは生地がやわらかく型崩れの原因となります。

＊チーズの生地は漉してから型に流すことで、ダマがなく口当たりがよくなります。

チョコとあんのテリーヌ

発酵あずきあんとチョコのしっとりとした味わいが絶品です

材料（18cmパウンド型１台分）

発酵あずきあん（作り方p.16）… 120g
製菓用チョコレート……………… 125g
無塩バター……………………… 125g
卵……………………………………2個
てんさい糖……………………… 95g
薄力粉………………………………5g

<つけ合わせ>

ラズベリー、ブルーベリー、
　ミントの葉……………………各適量

生地を少量流し、棒状にしたあんを置き、残りの生地を流し入れる。

型の下をアルミホイルで包んで、湯を張ったバットに入れる。

作り方

【下準備】

- 薄力粉はふるう。
- オーブンは180℃に予熱する。

1 発酵あずきあんはラップに包んで18cm弱の長さの棒状にする。

2 ボウルに製菓用チョコレートと無塩バターを入れ湯煎で溶かす。

3 別のボウルに溶き卵とてんさい糖を混ぜて**2**と合わせ、薄力粉を加え混ぜる。

4 製菓用シートをセットした型に**3**を少量流し、**1**を入れて残りの生地を流し入れる（**a**）。型の下側をアルミホイルで包んで（**b**）、湯を張ったバットに入れ、180℃に予熱したオーブンで約60分湯煎焼きする。

冷蔵保存で５日間可能。

ポイント

＊冷やして食べても常温でもおいしいですが、レンジで少し温めてとろける風味を楽しむのもおすすめ。

＊焼く際に湯煎の湯が型に流れるのを防ぐため、型の下部分をアルミホイルで包んでください。

豆乳ココナッツプリン

ココナッツ＋あんで作るアジアンデザート

材料（100㎖のゼリー型3個分）

発酵あずきあん（作り方p.16）……45g
ココナッツミルク……200㎖
豆乳……100㎖
てんさい糖……20g
粉寒天……2g
ココナッツロング……適量

ポイント

＊器のまま食べる場合は粉寒天の量を少し減らしてやわらかめに仕上げてください。

作り方

【下準備】

- ココナッツロングは焦がさないようにフライパンで乾煎りする。
- 発酵あずきあんは3等分にして丸める。
- 型は水でぬらす。

1 鍋にココナッツミルクとてんさい糖を入れて火にかけ、てんさい糖が溶けたら粉寒天を入れてよく混ぜながら沸騰させる。

2 別の鍋で豆乳を温め、1に加えてよく混ぜる。

3 2を型に少量流し、発酵あずきあんを入れ、残りの2を注ぎ入れる。

4 冷蔵庫で1時間冷やし固めたら型からはずして、ココナッツロングをトッピングする。

冷蔵保存で3日間可能。

発酵レンズ豆あんの抹茶アイス

卵がたっぷり！　リッチながら、和風テイストの味わいです

材料（約3〜4人分）

発酵レンズ豆あん（作り方p.20）……100g
抹茶……5g（大さじ1）
豆乳……300mℓ
卵黄……2個
てんさい糖……60g

作り方

1 耐熱容器にてんさい糖と抹茶を入れてよく混ぜたら、卵黄を加えて混ぜる。

2 1に豆乳を少しずつ加えて溶きのばし、ふんわりとラップをして、600Wの電子レンジで約2分加熱し、取り出して、ホイッパーでよく混ぜる。さらに1〜2分加熱、混ぜる、をとろみがつくまで繰り返す。

3 2を氷水にあてて冷やし、バットに流す。

4 冷凍庫に入れ、3〜4時間経って、少し固まりかけたら、冷凍庫から出し、スプーンで全体をかき混ぜる（もしくはフードプロセッサーやハンドブレンダーにかける）。これを2〜3回繰り返しながら冷やし固め、仕上げに発酵レンズ豆あんを入れて混ぜる。

ポイント

＊加熱の際、卵黄を加熱しすぎると炒り卵のようになってしまい口当たりの悪いアイスクリームになってしまいます。加減をしながら加熱してください。

発酵あずきあんのバニラアイス

乳製品、卵不使用でさっぱりとした口当たりです

材料（約3〜4人分）

発酵あずきあん（作り方p.16）……130g
豆乳……300mℓ
太白ごま油……50mℓ
てんさい糖……70g
コーンスターチ……4g
バニラビーンズ
（バニラオイル少々でも可）……⅓本

作り方

1 耐熱容器にてんさい糖とコーンスターチを入れてよく混ぜ、豆乳、太白ごま油、バニラビーンズを加えてよく混ぜる。

2 1にふんわりとラップをして、600Wの電子レンジで約2分加熱し、取り出して、ホイッパーでよく混ぜる。さらに1〜2分加熱、混ぜる、をてんさい糖が完全に溶けるまで繰り返す。

3 バニラビーンズのさやを取り除き、氷水にあてて混ぜながら冷やす。

4 3をバットに流して冷凍庫に入れ、3〜4時間経って、少し固まりかけたら、冷凍庫から出し、スプーンで全体をかき混ぜる（もしくはフードプロセッサーやハンドブレンダーにかける）。これを2〜3回繰り返しながら冷やし固め、仕上げに発酵あずきあんを入れて混ぜる。

ポイント

＊乳製品、卵不使用のアイスクリーム。耐熱容器での作り方をご紹介しましたが、あん以外の材料を火にかけて冷ましたものをバットに流して冷やし固めても作ることができます。発酵あずきあんを加えたさっぱりとした上品なアイスクリームです。

発酵レンズ豆あんの抹茶アイス

発酵あずきあんのバニラアイス

バナナあずきバー

あずきとバナナが2層の
アイスキャンディー

材料（80㎖のアイスキャンディー型
型3本分）

A
- 発酵あずきあん（作り方p.16）……80g
- 豆乳……120㎖
- はちみつ……13g

バナナ……50g（½本）

B
- 豆乳……小さじ2
- はちみつ……5g

作り方

1 Aの材料をよく混ぜてアイスキャンディー型に流して棒を刺し、冷凍庫で3時間ほど冷やす。

2 1の表面が固まりだしてきたら、ボウルにバナナをつぶし入れてBを加えて混ぜ、1の上に流して、再び冷凍庫で5時間以上冷やし固める。

3 固まったら、食べるときに型を水につけてキャンディーを取り出す。

ポイント

＊あずきとバナナのきれいな層を作るためには、あずきの層の表面が固まりだしてからバナナの液体を流してください。

あずきバー

コンデンスミルク使用のミルキーな
アイスキャンディー

材料（80㎖のアイスキャンディー型
3本分）

- 発酵あずきあん（作り方p.16）……140g
- 豆乳……50㎖
- コンデンスミルク……40g

作り方

1 すべての材料を混ぜ、アイスキャンディー型に流して棒を刺し、冷凍庫で5時間以上冷やす。

2 固まったら、食べるときに型を水につけてアイスバーを取り出す。

ポイント

＊型からはずす際にお湯につけてはずすと溶けてしまうので、型は水につけてはずしてください。

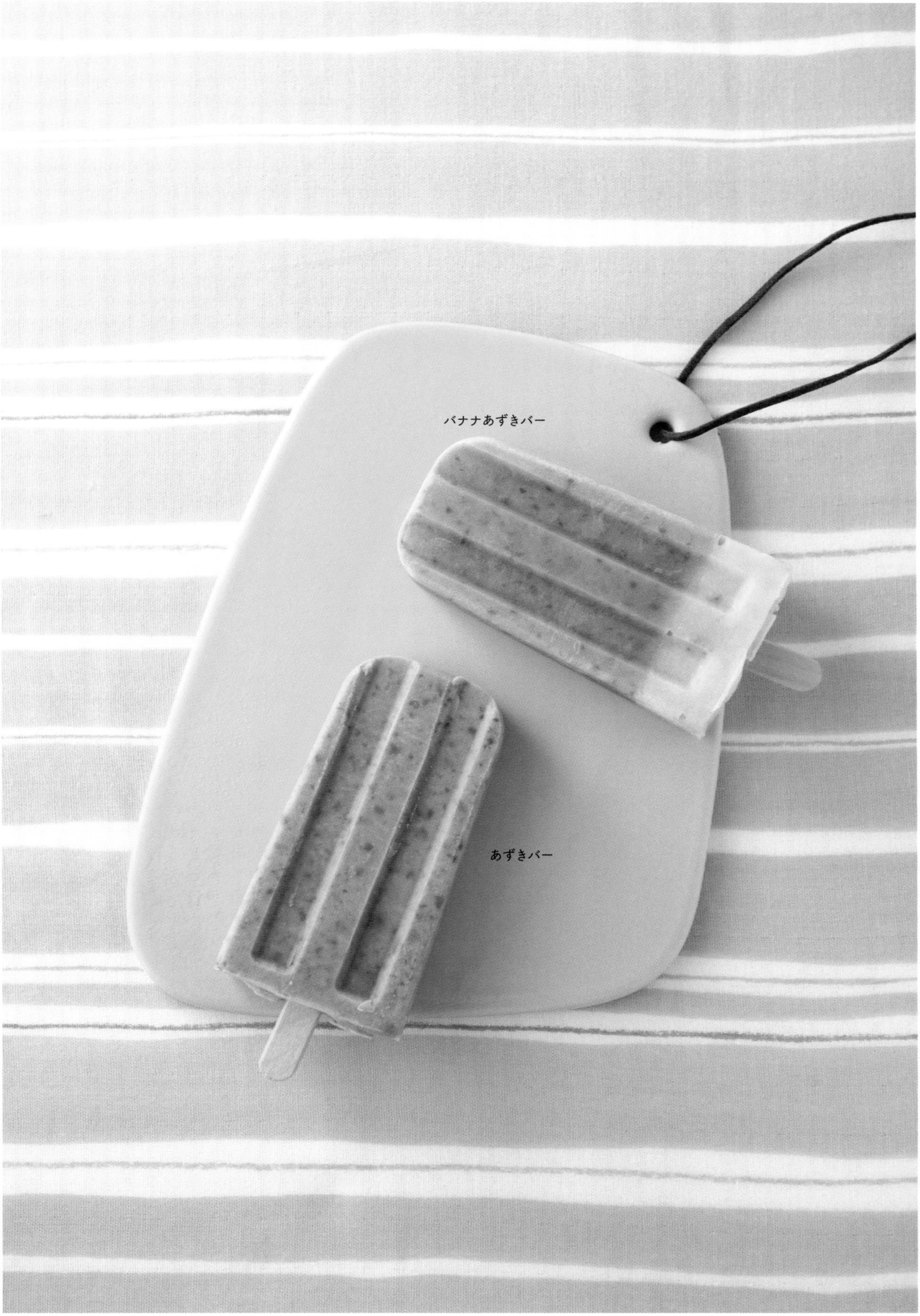
バナナあずきバー
あずきバー

かぼちゃと発酵レンズ豆あんのグラスデザート

寒天やゼラチンいらずのお手軽デザート

材料（2人分）

発酵レンズ豆あん（作り方p.20）……100g
かぼちゃ……100g（正味）
生クリーム……50㎖
シナモンパウダー……1〜2振り
てんさい糖……20g
ラム酒……小さじ½
A｜生クリーム……30㎖
　｜てんさい糖……2g
ココアパウダー（好みで）…適量
かぼちゃのスライス（2〜3㎜厚さ）……2枚

作り方

1 かぼちゃのスライスは110℃のオーブンに30〜60分入れ、乾燥焼きする。

2 かぼちゃは種とワタ、皮を取り除いて耐熱容器に入れ、ふんわりとラップをして600Wの電子レンジで7〜8分加熱し、マッシャーでつぶして100g量る。

3 **2**に生クリームとシナモンパウダー、てんさい糖を入れて混ぜたら鍋に入れて火にかけ、混ぜながら水分を飛ばす。粗熱が取れたらラム酒を加えて混ぜる。

4 グラスに**3**を少量流して発酵レンズ豆あんをのせ、さらに**3**、発酵レンズ豆あん、**3**の順にのせる。

5 **A**を泡立てて星口金をセットした絞り袋に入れ、**4**の上に絞り、好みでココアパウダーをふって**1**を飾る。

ポイント

＊発酵レンズ豆あんの甘さも加わるので、かぼちゃに使用するてんさい糖はお好みで加減してください。

PART

5

ドリンク＆ペースト

発酵あんこは、おいしいだけでなく
美容や健康効果も期待できる進化系あんこです。
甘酒のように毎日の習慣として摂取してほしいので、
ドリンクや扱いやすいペースト、
また朝食などに大活躍のパンメニューも紹介しています。
好みの発酵あんこでぜひ試してみてください。

ドリンク3種

おいしいだけでなく美容と健康にも
おすすめのドリンク3種を紹介します

あん入りチャイ

スパイス＋あんこで抗酸化力たっぷり！

材料（2杯分）

発酵あずきあん（作り方p.16）	80g
紅茶（アッサム、またはセイロン）	ティーバッグ2袋
シナモンスティック	1本
カルダモン（パウダー）	3～4振り
クローブ（ホール）	2個
水	200mℓ
牛乳	200mℓ

作り方

1 シナモンスティックは手で2～3等分に割り、鍋に水、カルダモン、クローブとともに入れて火にかけ、沸騰してスパイスの香りが出たら火を止めてティーバッグを入れ2～3分置く。

2 1に牛乳を加えて（ティーバッグは入れたまま）、弱火で沸騰直前まで温め、漉す。

3 カップに発酵あずきあんを入れて2を注ぐ。

ポイント

＊牛乳は、紅茶の茶葉が開いたタイミングで加えます。水と牛乳を同時に入れると茶葉が開かないので順番に気をつけてください。

＊スパイスの量は好みで加減してください。

あん入りアイスソイラテ

夏バテ対策にもおすすめ

材料（1杯分）

発酵あずきあん（作り方p.16）……40g
好みのコーヒー……100mℓ
豆乳……80mℓ
氷……適量

作り方

1 好みのコーヒーを入れたら、氷を入れて急冷させる。

2 グラスに発酵あずきあん、豆乳、1の順に入れ、氷を入れる。

ポイント

＊コーヒーと豆乳の量は好みで加減してください。

あん入りマンゴーラッシー

美腸効果が期待できるアジアンドリンク

材料（1杯分）

発酵あずきあん（作り方p.16）……40g
マンゴー（冷凍）……100g
無糖ヨーグルト……100g
牛乳……50mℓ
はちみつ……小さじ1
氷……適量

作り方

1 解凍したマンゴーを半分ほどフォークでつぶす。

2 ボウルに無糖ヨーグルトと牛乳、はちみつを入れて混ぜる。

3 グラスに発酵あずきあんを入れて、1、2、氷を入れる。

ポイント

＊マンゴーラッシーに発酵あずきあんを加えると、アジアンテイストに早変わり。マンゴーは冷凍のものを使用する場合はアップルマンゴーを使用すると甘味も強くおすすめです。

あん入りアイスソイラテ

あん入りマンゴーラッシー

あんペースト6種

発酵あんこの作り置き提案です。
あんペーストにすれば、
朝食やオードブルにも大活躍。
発酵あんこを作ったらぜひ試してみて！

冷蔵保存　7日間

ポイント
＊ペーストの煮詰め方があまいと日持ち日数が短くなるので気をつけてください。

発酵あずきあんペースト

材料（作りやすい分量　出来上がり約100g）

発酵あずきあん（作り方p.16）……100g
はちみつ……大さじ2
水……大さじ2
塩……少々

作り方

1 小鍋にすべての材料を入れる。強火にかけ、耐熱のゴムべらなどで混ぜながらふつふつと煮立つまで加熱する。中火にして絶えず混ぜながら3分ほど煮詰める。

2 ゴムべらで鍋底に線を描いてみて、一瞬筋が残る程度になったら煮詰め終わり。火を止め、バットに移して完全に冷ます。

3 清潔な保存容器に移す。

アレンジ　発酵あずきあんバターペースト

材料（出来上がり約150g）

発酵あずきあんペースト（作り方上記）……100g
無塩バター……50g

作り方

完全に冷えた発酵あずきあんペーストに、常温に戻した無塩バターを混ぜ、清潔な保存容器に移す。

ポイント
＊無塩バターとあんペーストの分量は1：2の比率で配合してください。

発酵白花豆あんペースト

材料（作りやすい分量、出来上がり約100g）

発酵白花豆あん
（作り方p.18）……100g
はちみつ……大さじ1
水……大さじ1
塩……少々

作り方

1. 小鍋にすべての材料を入れる。強火にかけ、耐熱のゴムべらなどで混ぜながらふつふつと煮立つまで加熱する。中火にして絶えず混ぜながら3分ほど煮詰める。
2. ゴムべらで鍋底に線を描いてみて、一瞬筋が残る程度になったら煮詰め終わり。火を止め、バットに移して完全に冷ます。
3. 清潔な保存容器に移す。

アレンジ　きな粉とごま入り発酵白花豆あんペースト

材料（出来上がり 約110g）

発酵白花豆あんペースト
（作り方上記）……100g
白ごまペースト…大さじ1
きな粉……大さじ1

作り方

完全に冷えた発酵白花豆あんペーストに、白ごまペースト、きな粉を混ぜ、清潔な保存容器に移す。

発酵ひよこ豆あんペースト

材料（作りやすい分量 出来上がり約100g）

発酵ひよこ豆あん
（作り方p.22）……100g
はちみつ……大さじ2
水……大さじ2
塩……少々

作り方

上記発酵白花豆あんペーストと同様に作る。

アレンジ　発酵ひよこ豆ナッツペースト

材料（出来上がり 約110g）

発酵ひよこ豆あん
ペースト（作り方上記）
……100g
くるみ、ヘーゼルナッツ、
アーモンドなど
好みのもの……15g

作り方

1. ナッツ類は130℃のオーブンで20分空焼きする。
2. 1のナッツを細かく刻んで、発酵ひよこ豆あんペーストに加え、清潔な保存容器に移す。

発酵あんこバターサンド

ボリューミーで栄養満点！

材料（2個分）

好みの発酵あんこ……………100g
バンズやロールパンなど
　好みのもの……………………2個
バター（有塩）……………………40g

作り方

1 パンを2枚にスライスしてオーブントースターで焼く。

2 発酵あんこの半量とバターのスライスをパンでサンドする。もう1個も同様に作る。

ポイント

＊たっぷりのあんこと厚切りスライスバターの組み合わせ。おいしいだけでなくビタミンや食物繊維もたっぷり補給できます。

小倉トースト

名古屋のソウルフードの進化形!?

材料（2枚分）

好みの発酵あんこ……………150g
食パン（好みの厚さのもの）………2枚
生クリーム……………………100mℓ
てんさい糖………………………8g
ミント……………………………適量

作り方

1 食パンをトースターで焼く。

2 発酵あんこをスプーンですくって丸く形を整えてのせる。

3 生クリームにてんさい糖を加えて泡立て、星口金をセットした絞り袋に入れ、2のあんこの横に絞り、ミントを飾る。

ポイント

＊あんこの抗酸化パワーは継続して摂取するのがおすすめ。小倉トーストなら朝食の定番になります。

基本のカスタードクリーム

基本のカスタードクリームは
卵黄使用でなめらかさを引き出します

材料（出来上がり量約240g）

牛乳	200g	卵黄	2個
バニラビーンズ	⅕本	A　薄力粉	8g
てんさい糖	40g	コーンスターチ	8g

作り方

【下準備】

- Aの粉類は合わせてふるう。

1

鍋に牛乳、バニラビーンズ、てんさい糖20gを入れて火にかけ、沸騰直前まで温める。

2

ボウルに卵黄、てんさい糖20gを入れて混ぜ、Aを加えてさらに混ぜる。

3

2に1を加えて溶きのばす。

4

3を漉しながら1の鍋に戻す。

5

中強火で常に鍋の中を混ぜながらクリームを炊き上げる。

6

5をバットに移してラップをぴったりとして氷水にあてて急冷させる。

ラップをして冷蔵保存で2日間可能。

p.52「ガトーバスク」、p.74「あん入りシュー ア ラ クレーム」で使用

ポイント

＊カスタードクリームの生地を炊く際は、ダマができるのを防ぐために終始必ず混ぜながら火にかけてください。

＊カスタードクリームは出来上がり後に急冷することで菌の繁殖しやすい温度帯を一気に通り過ぎ、菌の発生増殖を防ぐ効果があります。ラップをして水分の蒸発も防ぎましょう。

アーモンドクリーム

焼き菓子の味を引き立てる
おいしいクリームです

材料（出来上がり量約240g）

無塩バター……………………50g
てんさい糖……………………50g
卵……………………………1個（50ｇ）
アーモンドパウダー ……50g

作り方

【下準備】

- 無塩バターと卵は常温に戻しておく。
- アーモンドパウダーはふるう。

1

ボウルに無塩バターをほぐし入れ、てんさい糖を加えてすり混ぜる。

2

溶き卵を少量ずつ数回に分けて加え、その都度すり混ぜる。

3

アーモンドパウダーを加えて混ぜる。

4

出来上がり。

冷蔵保存で３日間可能。

p.54「あんこパイ」で使用

ポイント

＊焼き込み専用のクリームです。生では食べられないので気をつけてください。

＊すべての材料を同量ずつ使用します。

＊すぐ使わない場合は、ラップをぴったりとして冷蔵保存してください。

練りパイ生地

タルトやパイなどのベースとなる生地です。
作り置き保存して活用できます

材料（出来上がり量220g・直径6㎝のマフィン型9〜10個分）

薄力粉……………………………70g
強力粉……………………………30g
塩…………………………………2g
無塩バター……………………90g
牛乳……………………………35㎖

作り方

【下準備】

- 薄力粉、強力粉は合わせてふるい、材料はすべて冷やしておく。
- 生地を焼く前にオーブンを指定温度で予熱する。

1

ボウルに薄力粉、強力粉、塩を入れ、無塩バターを加えて細かくカットする。

2

1の粉と無塩バターを両手のひらですり合わせ、サラサラの状態にする。

3

牛乳を加えて練らないようにざっくりと切りながら混ぜ押さえして生地をまとめる。

4

ラップに包んで冷蔵庫で2時間休ませる。

5

4の生地を作るお菓子に合わせて必要量のばして使用する。

4の状態でラップに包んで冷蔵保存で2日間、
冷凍保存で1ヵ月可能（冷蔵解凍して使用）。

p.50「エッグタルト」、
p.54「あんこパイ」で使用

ポイント

＊無塩バターが溶けやすいので手早く作業をしてください。生地がべたついてくると食感もサクサクではなく固くなってしまいます。

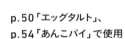

クッキー生地

作り置きも可能なクッキーの生地です。
バターたっぷりのサクサク食感が決め手！

材料（出来上がり量約240g・5×5㎝約16枚分、p.46あん入りバターサンドクッキーの場合）

無塩バター……60g
粉糖……50g
塩……ひとつまみ
卵黄……1個

A
薄力粉……90g
アーモンドパウダー……30g
ベーキングパウダー……2g

作り方

【下準備】

- 無塩バターは常温に戻す。
- **A**の粉類は合わせてふるう。

1

ボウルに無塩バターをほぐし入れ、粉糖、塩を加えて白っぽくなるまですり混ぜる。

2

卵黄を加えてさらにすり混ぜる。

3

Aを加えて、練らないように粉けがほぼなくなるまで、さっくりと混ぜ、ラップに広げる。

4

2枚のラップで包んでひとつにまとめたら、めん棒で、作るお菓子に合わせて必要量のばして使用する。

ラップで包んだ状態で冷蔵保存で2日間、冷凍保存で1ヵ月可能（冷蔵解凍して使用）。

p.46「あん入りバターサンドクッキー」で使用

ポイント

＊粉糖を使うと表面の仕上がりがきれいになります。粉糖をてんさい糖に置き換えて作ることも可能です。

シート スポンジ生地

型入らずで、手軽に
スポンジ生地が焼けます

p.72「プレーンロールケーキ」
「抹茶のロールケーキ」で使用

材料（26×38㎝天板½枚分）

卵……………………3個
上白糖……………50g
A｜薄力粉……45g
B｜無塩バター……………7g
　｜牛乳……………………25㎖
　｜（※プレーンロールケーキのみ）

作り方

【下準備】

- 卵は常温に戻す。
- Aはふるう。
- Bは合わせて湯煎にかける。
- オーブンは190℃に予熱する。

1

ボウルに卵を入れ上白糖を加え混ぜる。

2

ハンドミキサーで生地で文字が書けるくらいしっかりと泡立てる。

3

Aを加えて練らないようにさっくりと切り混ぜる。

4

Bを加えて手早く混ぜる。

5

オーブンシートの型紙を敷いた天板に広げ、190℃に予熱したオーブンで約10〜12分焼成する。

6

天板から取りはずして、粗熱を取る。

オーブンシートの型紙の作り方

オーブンシートを天板の幅よりやや大きめにカットしたら、手前の二つの角を斜めに切り込みを入れる。

▼

それぞれの側面を天板の深さ分内側に折り込み、角に切り込みを入れる。

▼

切り込みを入れた部分をそれぞれ折り合わせ、型紙と天板が接する面をバターで接着する。

▼

天板½サイズの型紙の出来上がり。

ポイント

＊ふんわりとした生地に仕上げるには卵の泡立てがポイント。ボリュームが出て、生地で文字が書けるくらいの状態まで泡立ててください。

監修

藤《ふじ》井《い》寛《ひろし》

発酵あんこ研究家・甘酒探求家（甘酒ソムリエ）。1985年、東京都新宿区生まれ。甘酒造り歴24年、日本全国の蔵元・醸造元の甘酒や甘酒にまつわる情報を発信する甘酒情報サイト「あまざけ.com」を運営している。幼い頃から祖父の漬けた漬物や、手作りの味噌、母親が日常的に作っていた甘酒など、発酵食品に親しみのある環境で育つ。たまたま図書館で見つけた本に刺激を受けて発酵食品を作り出す食品微生物に興味を持ち、東京農業大学へ進学。2013年同大学の大学院を修了。甘酒は日本が誇る発酵食品であるという信念のもと「甘酒探求家（甘酒ソムリエ）」として各地の甘酒を探し求めるとともに、様々な素材で発酵あんこを作ろうと日々探求している。各地で講演会やセミナー、テレビ、雑誌などで活躍中。

公式HP　あまざけ.com

著者

木《き》村《むら》幸《さち》子《こ》

料理家・お菓子研究家。青山で人気のお菓子教室「洋菓子教室トロワ・スール」を主宰。発酵食やグルテンフリー、低糖質、はちみつを使用した体に優しいお菓子や料理のレシピ開発・監修の実績多数。近年ではギルトフリーやマクロビオティックの店舗や企業のレシピ開発を行う他、TV・雑誌、WEBでの監修・出演・コーディネートにも多数携わる。2012年2月に「最大のチョコレートキャンディーの彫刻」の分野で世界記録と認定される。著書『毎日がしあわせになるはちみつ生活』『罪悪感のない間食・夜食』『悪魔のご褒美デビルサンド』『保存容器と電子レンジでできるアイスクリーム&シャーベット』（共に主婦の友社）。料理監修『高野豆腐ダイエットレシピ』（河出書房新社）など多数。

公式ブログ　トロワ・スール
http://ameblo.jp/troissoeurs/
Instagram　@trois_soeurs

材料提供

◆製菓材料
株式会社富澤商店
https://tomiz.com

◆あずき
北海道十勝　森田農場
http://www.azukilife.com/
0156-63-2789
（(株)A-Netファーム十勝）
平日12:00-20:00

◆豆乳
マルサンアイ株式会社
https://www.marusanai.co.jp/
0120-92-2503

STAFF

デザイン
武田紗和（フレーズ）

撮影
山本ひろこ

編集・スタイリング
早草れい子

砂糖不使用。麹と豆、炊飯器だけでできる！

発酵あんこのおやつ

2020年2月28日　第1版第1刷発行

監修　藤井 寛
著者　木村幸子

発行所　WAVE出版
〒102-0074　東京都千代田区九段南3-9-12
TEL 03-3261-3713
FAX 03-3261-3823
振替 00100-7-366376
E-mail：info@wave-publishers.co.jp
https://www.wave-publishers.co.jp

印刷・製本　萩原印刷

NDC596　95P　26cm　ISBN 978-4-86621-258-6

参考文献

【書籍】
- 医歯薬出版（編）『日本食品成分表2015年（七訂）本表編』（医歯薬出版）
- 春日敦子（監修）『かんたん！乾燥豆ゆで方入門』（日本豆類協会）
- 小泉武夫（編著）『発酵食品学』（講談社）
- 女子栄養大学出版部（編・制）『豆の調理特性データブック』（日本豆類協会）
- 菅原竜幸、福沢美喜男（編さん）『Nブックス・食品学Ⅰ［第2版］』（建帛社）
- 中村道德、鈴木繁男（編）『澱粉科学ハンドブック』（朝倉書店）
- バーバラ・サンティッチ、ジェフ・ブライアント、山本紀夫（訳）『世界の食用植物文化図鑑‐起源・歴史・分布・栽培・料理』（柊風舎）
- 畑中孝晴、加藤淳、五関正江、酒井真次、高増雅子（監修）『新豆類百科』（日本豆類協会）
- 渡辺篤二（監修）『豆の事典‐その加工と利用』（幸書房）
- 渡邊昌（監修）『栄養学の基本』（マイナビ出版）

【論文】
- 喜多村啓介，石本政男（農林水産省農業研究センター）「マメ類」日本農芸化学会（表題：化学と生物）第30巻第9号・613-620日本農芸化学会
- 倉橋敦（八海醸造）「麹甘酒に含まれる成分について」醸造協会誌第112巻第10号668-674・2017日本醸造協会
- 倉橋敦（八海醸造）「麹甘酒に含まれるオリゴ糖について」温故知新（55）35-40・2018秋田今野商店
- 倉橋敦（八海醸造）「麹甘酒の成分・機能性・安全性」生物工学会誌第97巻4号190-194・2019日本生物工学会
- 高橋陽子「繊維質と食物繊維」日本食品科学工学会誌第58巻第4号・186日本食品科学工学会

【HP】
- 北海道立総合研究機構「小豆・菜豆のQ&A（1）」http://www.hro.or.jp/list/agricultural/research/tokachi/beans/azukisaito_Q&A1.htm